Evolution	Computer	Raubtiere	Fußball	Der Zweite Weltkrieg	Strand & Meer	Islam
50	51	52	53	54	55	56
Mond	Das moderne China	Geld	Pyramiden	Waffen & Rüstungen	Edelsteine & Kristalle	Deutschland
57	58	59	60	61	62	63
Tiere	Fahrzeuge & Transport	Urzeit	Arktis & Antarktis	Der Erste Weltkrieg	Reptilien	Mittelalter
64	65	66	67	68	69	70
Erdöl	Religionen	Schmetterlinge	Mumien	Alte Kulturen	Natur-katastrophen	Astronomie
71	72	73	74	75	76	77
Muscheln & Schnecken	Die Erde	Wale & Robben	Mesopotamien	Skelette	Weltwunder	Amphibien
78	79	80	81	82	83	84
Raumfahrt	Bäume	Amazonas	Länder & Völker der Bibel	Energie		
85	86	87	88	89		

Edelsteine & Kristalle

Apatit

Geschliffene Topase

Danburit

Chalzedon

Opal

Kalzit

Kobaltspat
(Sphärocobaltit)

Wissen entdecken

Krokoit

Edelsteine &
Kristalle

Text von
R. F. Symes
und
R. R. Harding

Dumortierit-
flasche

Geschliffene Granate

Geschliffene Turmaline

Aragonit

Mikroklin

Tobernit

DK

Malachit

Gold

Geschliffener
Turmalin

Geschliffener
Topas

Geschliffener
Saphir

Perlmutt

Krokoit

Turmalin

Achat

Achat

DK | Penguin Random House

Projektleitung Sunita Gahir
Programmleitung Andrea Pinnington
Projektbetreuung Louise Pritchard
Cheflektorat Camilla Hallinan
Lektorat Helen Parker
Herstellung Louise Barratt, Andy Hilliard,
Larah Kedwell, Hitesh Patel, Angela Graef
Redaktion Sue Nicholson, Christine Heilman, John Searcy
Bildrecherche Cynthia Hole, Marie Osborn, Kate Lockley
Bildredaktion Thomas Keenes, Julia Harris, Jacquie Gulliver,
Jane Thomas, Martin Wilson, Catherine Goldsmith, Martin Wilson
Fotos Colin Keates ABIPP (National History Museum, Großbritannien)
DTP-Design Siu Chan, Andy Hilliard, Ronaldo Julien
Umschlaggestaltung Carol Davis

Für die deutsche Ausgabe:
Programmleitung Monika Schlitzer
Projektbetreuung Janna Heimberg
Herstellungsleitung Dorothee Whittaker
Herstellung Anna Ponton

Titel der englischen Originalausgabe:
Eyewitness Crystal & Gem

Übersetzung Christiane Bergfeld,
Frauke Bahle (S. 64–71, Poster)
Lektorat Margot Wilhelmi
Satz Roman Bold & Black

ISBN 978-3-8310-2048-5

Repro Colourscan, Singapore
Druck und Bindung RR Donnelley Asia Printing Solutions Limited, China

Besuchen Sie uns im Internet
www.dorlingkindersley.de

Inhalt

Amethyst

Was sind Kristalle?

Kristalle haben seit jeher auf den Menschen eine faszinierende Wirkung ausgeübt. Sie beruht auf der Schönheit geometrisch regelmäßiger Körper mit glänzenden, spiegelnden Flächen und scharfen Kanten, oft noch verbunden mit leuchtenden Farben und einer starken Lichtbrechung. Schöne Kristalle sind daher stets begehrte Sammel- und Schmuckobjekte gewesen. Das Wort Kristall leitet sich vom griechischen *kryos* (für Frost, Eis, Kälte) ab. Im Altertum hielt man Bergkristall, eine farblose Quarzart, für nicht schmelzendes, steinhart gefrorenes Eis.

ZUSTÄNDE
Wasser kommt in allen drei Aggregatzuständen vor: fest, flüssig, gasförmig – je nach Temperatur. Im Dampf bewegen sich die Wassermoleküle losgelöst voneinander durch den Raum. Im flüssigen Wasser berühren sich die Moleküle, sind aber noch gegeneinander beweglich. Im Eis nehmen sie einen festen Platz ein. Diese Eiskristalle sind 450-fach vergrößert.

EINE GELUNGENE LÖSUNG
Diese herrlichen Kristalle mit den charakteristischen Kristallflächen entstanden aus heißen wässrigen Lösungen in der Erde.

Turmalinkristall

Quarzkristall

KUNSTKRISTALLE
Fast alle Kristalle in diesem Buch sind natürlich vorkommende, feste anorganische Verbindungen, die man Mineralien nennt. Man kann anorganische Kristalle aber auch züchten, wie dieses Kaliummagnesiumsulfat.

Albitkristalle

DICHT AN DICHT
Nur unter idealen Bedingungen entwickeln sich große, vollkommene Kristalle. Dieser Skapolith besteht aus vielen kleinen, wenig ausgeformten Kristallen. So ein Mineral nennt man dicht.

GLASHAUS
Der Londoner Kristallpalast entstand 1851 zur Weltausstellung und brannte 1936 ab. Dach und Außenwände bestanden aus 300 000 Glasscheiben – nicht aus Kristallen.

Pyrolusit-Dendriten

Geschliffener
Heliodor
(S. 38–39)

Miniatur einer juwelen-geschmückten Inderin (18. Jh.)

SCHMUCKSTÜCK
Edelsteine sind meist natürliche Kristalle – schön, dauerhaft und selten. Man schleift und poliert sie (S. 58–59). Doch „züchtet" man Kristalle (S. 26–27) auch künstlich und schleift sie zu Schmucksteinen.

Geschliffener
Aquamarin
(S. 38–39)

KRISTALLZEICHNUNG
Hier handelt es sich nicht um Farne, sondern um kristalline Verästelungen, Dendriten (S. 21). Sie durchziehen Felsspalten und -risse.

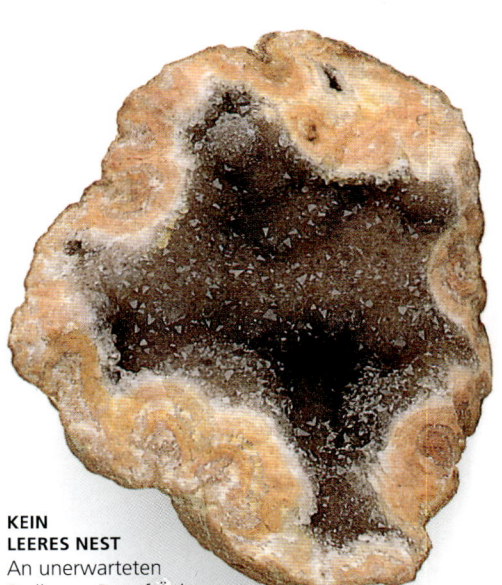

KEIN LEERES NEST
An unerwarteten Stellen, z. B. auf Äckern, finden sich Nester (Geoden, S. 62) mit funkelnden Kristallen im Kern.

FALSCHE FLAGGE
Was wir als „Kristall" kennen, ist oft nur Glas – und das ist amorph (griech. für „gestaltlos"). Das bedeutet, dass seine schnelle Abkühlung die regelmäßige Anordnung der Atome zu Kristallen verhindert.

Kristalle überall

Wir leben auf einem Kristallplaneten in einer Welt aus Kristall. Das Gestein der Erde und des Monds besteht ebenso wie die Meteoriten (Splitter aus dem All) aus Mineralien. Mineralien sind chemisch einheitliche Naturstoffe. Meist bilden sie Kristalle und diese wiederum bestehen aus unvorstellbar vielen winzigen Bausteinen: Atomen verschiedener Elemente wie Sauerstoff, Silizium und sechs häufiger Metalle, u.a. Eisen und Kalzium. Berge und Meeresböden bestehen aus kristallinen Teilchen. Am Strand treten wir auf Kristalle. Im Haushalt (S. 62–63) und bei der Arbeit (S. 28–29) kommen wir ohne sie nicht aus. Computer und viele andere moderne Geräte wären ohne Kristalle nicht denkbar.

SCHALEN
Die Erde ist aus drei Schalen aufgebaut: Erdkruste, Erdmantel und Erdkern. Die Gesteine, die diese Schichten bilden, bestehen meist aus zwei oder mehr Mineralien, reiner Marmor und Quarzit allerdings nur aus einem.

Orthoklas

Quarz

Biotit

GRANIT
Granit ist ein typisches Gestein der Erdkruste. Seine Hauptbestandteile sind Quarz, Feldspat und Glimmer. Bei diesem Granitbrocken erkennt man sehr große Kristalle des Feldspatminerals Orthoklas, kleine Quarzkristalle und Biotitglimmer.

EKLOGIT
Der obere Erdmantel besteht vermutlich hauptsächlich aus Peridotit, z. T. auch aus Dunit und Eklogit (hier ein Stück Eklogit mit grünem Pryroxen und kleinen Granaten).

Granatkristall

METEORIT
Man nimmt an, dass der Erdkern in seiner Zusammensetzung diesem Eisenmeteoriten ähnelt. Um seine Kristallstruktur hervorzuheben, wurde der Meteorit geschliffen, poliert und angeätzt.

LAVA
Flüssige Lava aus dem Erdinneren tritt beim Ausbruch des Vulkans Kilauea auf Hawaii aus. Wenn die Lava erkaltet, bilden sich Kristalle: Sie erstarrt zu Stein.

GUT GEBAUT
Naturstein und viele andere Baustoffe sind kristallin. Auch die Festigkeit des Mörtels hängt vom Wachstum von Kristallen ab.

STAUB ZU STAUB

Kiesel, Sand und der größte Teil des Bodens bestehen aus Kristallen wie das Gestein, aus dem sie durch Verwitterung entstanden sind. Auch das härteste Gestein zerfällt mit der Zeit zu Staub und wird vom Wind verweht.

Basaltkiesel

Feldspat-kristall

Quarzitkiesel

Quarz-sand-körner

Erde

TROPFSTEINHÖHLE

Kristalle bilden diese prachtvollen Stalaktiten und Stalagmiten in einer Grotte im Libanon.

EDLE TROPFEN

Tropfsteine bestehen vorwiegend aus Kalzitkristallen. Diese Stalagmiten wuchsen empor, als Wasser mit hohem Kalziumhydrogen-karbonatgehalt auf den Boden einer alten Mine tropfte, Kohlendioxid entwich, Wasser verdunstete und Kalziumkarbonat entstand.

Kalzitkristalle

Organische Kristalle

Die Elemente der gesteins-bildenden Mineralien sind auch von Bedeutung für das Leben auf der Erde. So kristallisieren z. B. Minera-lien wie Kalzit und Apatit in Pflanzen und Tieren.

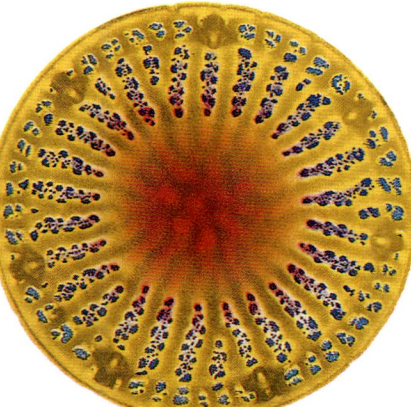

MIKROKRISTALLE

Unter dem Mikroskop erkennt man die symmetrische Struktur der Kiesel-alge *Cyclotella pseudostelligera*. Ihre Zellwände bestehen aus kleinsten Quarzkristallen.

TIERISCHES MINERAL

In Gallenblasen können sich Gallensteine bilden. Dieser Gallenstein einer Kuh zeigt die gleiche Zusammensetzung wie das natür-liche Mineral Struvit.

STRESS

Das vom Körper bei Stress gebil-dete Hormon Adrenalin kann kristal-lisieren, wie diese Mikro-fotografie zeigt.

MENSCHENAPATIT

Knochen von Wirbeltieren, auch dieser menschliche Oberarmknochen, enthalten winzige Apatitkristalle.

Natürliche Schönheit

Wohlgeformte Kristalle sind von einzigartiger Schönheit und äußerst selten. Sie wachsen nur unter idealen Bedingungen (S. 20–21). Von diesen ohnehin sehr seltenen Exemplaren werden noch viele durch Menschenhand zerstört (etwa im Bergbau). Die hier abgebildeten Kristalle sind verkleinert dargestellt. In Wirklichkeit sind sie etwa 40 % größer.

PROUSTIT
Proustit (Lichtes Rotgültigerz) ist ein wichtiges Silbererz. Es bildet kirschrote Kristalle. Dieses Prachtexemplar stammt aus den berühmten Silberminen von Chanarcillo in Chile, die von 1830 bis 1880 ausgebeutet wurden.

„ZAHNRÄDER"
Diese herrlichen hellgrauen Bournonitkristalle stammen aus einer Bleimine in Cornwall in Südwestengland. Die Qualität der zwischen 1850 und 1875 in der Herodsfoot-Mine abgebauten Bournonitkristalle bleibt unübertroffen.

Die Science-Fiction-Schöpfung *Kristalltraum* des Franzosen Mœbius (Jean Giraud) hat Kristallformen zum Modell.

TOPAS

Dieser vollkommene Topaskristall stammt aus den Sibirischen Gebirgen. Dort fand man im letzten Jahrhundert viele wunderschöne Topase. Die meisten waren sherryfarben, einige wogen bis zu 10 kg.

Solche riesigen Berg- und Rauchquarzkristalle kommen in Hohlräumen bestimmter Gesteine vor, v. a. in Brasilien.

EPIDOT

Dieser einmalig schöne Epidot (hier ein Pistazit) aus den Bergen Österreichs besitzt lang gestreckte, säulenförmige Kristalle mit gelblichem Glasglanz (S. 23). Der Kristall stammt aus einem kleinen Lager, das 1865 von einem Bergführer entdeckt worden sein soll.

BARYT

Berühmt für ihre Barytkristalle sind die Eisenminen in Cumbria (Nordengland). Die Kristalle weisen ein reiches Farbspektrum auf, aus jeder Mine kommt vorwiegend eine Farbe. Diese goldgelben Kristalle sind aus der Dalmellington-Mine, wo man im 19. Jh. viele solcher Prachtexemplare fand.

BENITOIT

Die dreieckigen, saphirblauen Benitoitkristalle vom Ufer des San Benito River in Kalifornien sind von bisher einzigartiger Qualität und Größe.

KALZIT

Kalzit ist ein weitverbreitetes Mineral und tritt als Kristall in vielen Formen und Farbschattierungen auf. Dieses Aggregat (Gruppe, S. 22) besteht aus vielen farblosen Kalzitkristallen, z. T. mit einem Hauch von Rot. Es kommt aus dem Eisenbergbaugebiet um Egremont in Cumbria.

Wunderschöne Beryllkristalle aus allen Teilen der Welt

Kristalle – von außen ...

Das Kontaktgoniometer misst die Winkel zwischen den Kristallflächen. Sie sind bei einem bestimmten Mineral immer gleich groß (Winkelkonstanzgesetz).

Winkelskala

Topaskristall in Messposition

Romé de L'Isle (1736-1790) führte das bereits 1669 von Steno aufgestellte Gesetz der Winkelkonstanz ein.

Ideale Kristalle weisen symmetrische Merkmale auf. Es gibt drei mögliche Symmetriearten. Lässt sich ein Kristall in zwei spiegelgleiche Hälften teilen, ist eine „Spiegel- oder Symmetrieebene" vorhanden. Dreht man einen länglichen, regelmäßig gewachsenen Kalzitkristall dreimal um seine Längsachse, so wiederholen sich dreimal (also immer nach 120 Grad) die gleichen Flächen und Kanten. Die Längsachse ist also eine dreizählige „Symmetrieachse". Je nachdem, wie oft sich die Ausgangsstellung beim Drehen wiederholt, gibt es zwei-, drei-, vier-, oder sechszählige Drehachsen. Die Zähligkeit bestimmt die Zugehörigkeit zu den verschiedenen Kristallsystemen (siehe unten). Spiegelt sich jeder beliebige Punkt der Kristalloberfläche an einem Punkt im Zentrum, spricht man von einem „Symmetriezentrum".

Kubisches System beim Bleiglanz, Symmetrieelement: vier dreizählige Drehachsen

SIEBEN SYSTEME

Kristalle unterteilt man nach dem Grad der Symmetrie in sieben Hauptgruppen, innerhalb derer sich alle Kristalle auf das gleiche Koordinatensystem (Achsenkreuz) beziehen lassen. Die Würfelform (kubisch) weist die höchste Symmetrie auf, die geringste findet sich im triklinen System, wo keine rechten Winkel auftreten.

Tetragonales System beim Vesuvian, Hauptsymmetrieelement: eine vierzählige Achse

Ortho-rhombisches System beim Baryt, Hauptsymmetrieelement: drei zweizählige Achsen

Kristall in Messposition

SPIEGELEIEN

Das Reflexionsgoniometer von 1860 misst die Flächenwinkel kleiner Kristalle an der Lichtreflexion ihrer Flächen. Der Kristall dreht sich, bis eine Lichtreflexion aus zwei angrenzenden Flächen sichtbar wird. Der Winkel zwischen beiden Flächen ist am Teilkreis (rechts) ablesbar.

Monoklines System beim Orthoklas (verzwillingt): eine zweizählige Achse

Triklines System beim Axinit: keine Symmetrieachse

WER HAT RECHT?

Manche Kristallografen (Kristall-forscher) zählen das Trigonal- zum Hexagonalsystem. Die Achsen sind die gleichen, das Trigonalsystem hat jedoch nur dreizählige Symmetrie, wie hier an den Endflächen zu sehen.

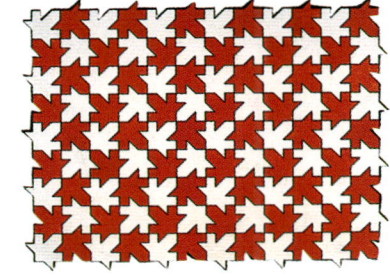

SYMMETRIEMUSTER

Eines von 13 Ahornblattmustern, das zum 13. Kongress der Internationalen Kristallografie-Union 1981 in Kanada angefertigt wurde: Die wiederkeh-renden Motive spiegeln Elemente der Kristallsymmetrie wider.

Trigonalsystem beim Kalzit: eine dreizählige Achse

Triklines Modell

Kubisches Modell

KRISTALLMODELLE

Diese deutschen Modelle entstanden um 1900 zur Veranschaulichung der Symmetrie. Die im Inneren gespann-ten Bindfäden stellen die Drehachsen dar.

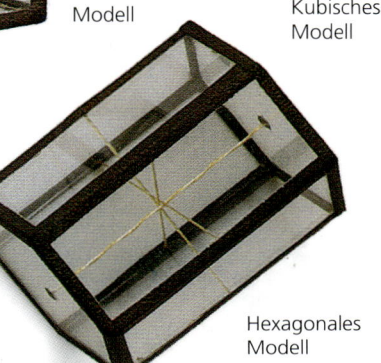

Hexagonales Modell

Hexagonalsystem beim Beryll: eine sechszählige Achse

Formenreich

Kristalle desselben Minerals sind nicht immer gleich. Die gleichen Flächen auf zwei Kristallen können sich in der Größe unterscheiden und so verschiedene Kristallgestalten bedingen (S. 22). Unterschiedliche Formen im kubischen System zeigen diese drei Pyritkristalle.

Skizzen über die Transformation geometrischer Körper von Leonardo da Vinci

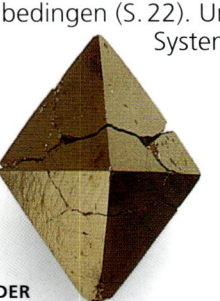

WÜRFEL

Jede der sechs recht-winklig angeordne-ten Quadratflächen schneidet eine der vier-zähligen Achsen und steht parallel zu den anderen beiden.

OKTAEDER

Der Körper hat acht gleichseitige Dreiecksflächen. Jede davon schneidet alle drei der vierzähligen Achsen.

PYRITOEDER

Der Körper besitzt zwölf fünf-seitige Flächen und wird auch Pentagondodekaeder genannt.

Dodekaeder-fläche

Oktaederfläche

Würfel-fläche

FORMENKOMBINATION

Bei diesen Kristallen treten Würfel- und Oktaederflächen zusammen mit schwach entwickelten Dodekaedern auf.

Würfelformen in verschiedenen Varianten

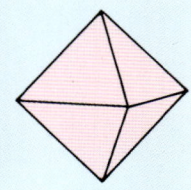

Oktaeder

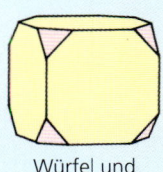

Würfel und Oktaeder

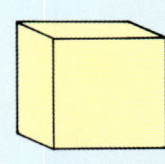

Würfel

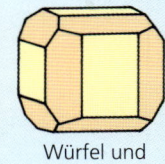

Würfel und Pyritoeder

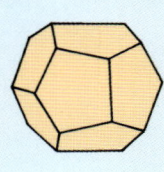

Pyritoeder

Ring mit einem Diamanten

Graphitstift

UNGLEICHE BRÜDER

Diamant und Graphit bestehen beide aus Kohlenstoffatomen, haben jedoch aufgrund ihres unterschiedlichen Aufbaus völlig verschiedene Eigenschaften.

... und von innen

Die regelmäßige Anordnung der Kristallbausteine bestimmt die gleichmäßige Form und andere Eigenschaften. Bei diesen Bausteinen handelt es sich meist um Ionen, elektrisch geladene Atome oder Moleküle, die sich gegenseitig stark anziehen, sodass sie ihren Platz nicht verlassen können. Mineralien bilden ihre Kristalle stets auf die gleiche Art. Der Abbé Haüy (S. 15) begründete im 18. Jahrhundert die Lehre von der Kristallstruktur. 1808 stellte Dalton die Theorie auf, dass die Materie aus winzigen Teilchen (Atomen) bestehe. Röntgen entdeckte 1895 die nach ihm benannten Strahlen und von Laue 1912, dass sich damit die Anordnung von Atomen in Festkörpern bestimmen lässt. Seitdem ist der innere Aufbau von Kristallen bekannt.

Graphit

Graphitstruktur

GRAPHIT

Im Graphit ordnen sich die Kohlenstoffatome zu Sechsecken an, die sich zu Schichten zusammenschließen. Die nur schwach verbundenen Schichten können aneinander vorbeigleiten, daher ist Graphit ein sehr weiches Material.

Diamantkristall

DIAMANT

Jedes Kohlenstoffatom des Diamanten ist mit vier anderen verbunden. Die sehr starken Bindungskräfte machen ihn sehr viel härter als Graphit.

Strukturmodell des Diamanten

Augitkristall

STRAHLSTEIN

Außer in Kalkstein kommen Silikatmineralien in allen Gesteinsarten vor. Grundbausteine sind jeweils ein Silizium- und vier Sauerstoffatome (SiO_4). Die Struktur des Strahlsteins aus der Gruppe der Amphibole baut sich aus Zweierketten solcher Tetraeder auf.

GOLDATOME

Kristalline Festkörper haben komplexe Atomgitter. Hier sieht man ein Goldatomgitter in millionenfacher Vergrößerung: Jeder gelbe Klecks ist ein Atom.

Modell eines Kettensilikats mit SiO_4-Tetraedern

AUGIT

Augit gehört zu den Pyroxenen, einer wichtigen Silikatgruppe. Die Struktur dieser Mineralien beruht auf einer einfachen SiO_4-Kette.

Sauerstoffatom

Siliziumatom

Modell einer Zweierkette mit SiO_4-Tetraedern

BERYLL

Bei manchen Silikaten schließen sich drei, vier oder sechs SiO_4-Tetraeder zu Ringen zusammen. Beim Beryll (S. 38–39) bestehen die Ringe aus sechs Tetraedern.

MAX VON LAUE (1879–1960)
schloss aus Röntgenfotos, dass bei Kristallen die Atome vermutlich in einem Gitter angeordnet sind.

Wellenlänge (in m)

Abnehmende Wellenlänge

10^{-15}	Gammastrahlen
10^{-11}	
10^{-9}	Röntgenstrahlen
10^{-7}	Ultraviolette Strahlung
10^{-6}	Sichtbares Licht
10^{-4}	Infrarote Strahlung (Wärme)
	Mikrowellen
1	
	Radiowellen
10^{5}	

ELEKTROMAGNETISCHE WELLEN

Röntgenstrahlen zählen zum elektromagnetischen Strahlungsspektrum. Alle Strahlungen, darunter Licht und Wärme, lassen sich als Wellen beschreiben, die sich nur im Abstand zwischen den Wellenbergen, der Wellenlänge, unterscheiden. Weißes Licht besteht aus verschiedenen Wellenlängen zwischen Rot und Violett im Spektrum (S. 16). Diese sind mit bloßem Auge zu erkennen, der größte Teil des Spektrums jedoch nicht.

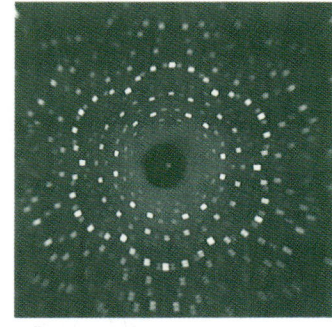

RÖNTGENBILD
Dieses Foto von Laues zeigt die Beugung eines Röntgenstrahls durch einen Beryllkristall. Das symmetrische Muster entspricht der hexagonalen (sechsseitigen) Symmetrie des Kristalls.

Spaltbarkeit

Manche Kristalle brechen entlang definierter Spaltflächen, die für alle Exemplare ihrer Art typisch sind. Sie bilden sich entlang der schwächsten Fläche und beweisen die gesetzmäßige Anordnung der Atome.

EIN GLATTER BRUCH
Dieser schöne blaue Topas aus Madagaskar zeigt einen vollkommenen Bruch. Der Topas zählt zu den Silikaten mit Strukturen aus isolierten SiO_4-Gruppen.

Spaltfläche

GLIMMER
Glimmer sind gut spaltbare Silikatmineralien. Zwischen den Atomen verschiedener Schichten bestehen nur schwache Bindungen, sodass die Schichten leicht zu trennen sind.

Blättrige Spaltung

DER ABBÉ HAÜY (1743-1822)
Haüy schloss von der regelmäßigen äußeren Form der Kristalle auf entsprechend gleichmäßigen Aufbau im Innern. Da er sah, dass sich Kalzit oft in Rhomben (Rauten) spaltet, vermutete er ähnlich angeordnete Bausteine im Innern.

QUARZ
Quarz besteht aus dreidimensional fest miteinander verbundenen SiO_4-Tetraedern. Die Kristalle sind schwer spaltbar, weisen jedoch einen abgerundeten, konzentrischen Bruch („muschelig") auf.

MONDSTEINE
sind die bekanntesten
Feldspatedelsteine.
Schichten winziger
Albitkristalle im Ortho-
klas geben ihnen einen
weißen oder blauen
Schimmer.

Kristallfarben

Die Farbenpracht der Kristalle sticht besonders ins
Auge. Viele Mineralien kommen in einem breiten Spektrum von Farben vor, die auf unterschiedliche Art entstehen. Wenn Lichtwellen auf unser Auge treffen,
entsteht durch komplizierte Vorgänge in Auge und
Gehirn der Sinneseindruck einer bestimmten Farbe.
In weißem Licht (Tageslicht) werden vom Kristall
einige Wellenlängen reflektiert, andere werden
absorbiert. Die reflektierten Wellenlängen erschei-
nen als nicht weiße Farbe, da zur Entstehung von Weiß ja einige Wellen
fehlen. Wird kein Licht absorbiert, erscheint das Mineral farblos.

Bergkristall, klar,
farblos

Violetter
Amethyst,
klar

Milchiger
Quarz, opak

DURCHBLICKE
Kristalle sind entweder klar (durchsichtig,
fast alles Licht durchlassend), durchscheinend (lichtdurchlässig, aber nicht
ganz durchsichtig) oder opak (licht-
undurchlässig, trüb). Die meisten
Edelsteine sind klar, können
aber farbig oder
farblos sein.

Idiochromatisch

Manche Mineralien zeigen immer dieselbe Farbe, da ihre
lichtabsorbierenden Atome ein wesentliches Element ihrer
Kristallstruktur sind. Solche Mineralien nennt man idiochromatisch (eigenfarbig). Kupfermineralien sind fast immer
rot, grün oder blau, je nach Lichtabsorption durch
das Kupfer.

ISAAC NEWTON (1642–1727)
Der berühmte englische Physiker erforschte u. a. die
Natur des weißen Lichts und entdeckte, dass man es
in sieben verschiedene Farben zerlegen kann. Daraus
leitete er die Erklärung für den Regenbogen ab.

Zerlegung des weißen
Lichts (Dispersion) in
die Spektralfarben
durch ein Prisma

SCHWEFEL
Schwefel ist ein
idiochromatisches
Mineral mit leuch-
tend gelben Kristallen.
Sie finden sich oft als Kruste
um Vulkanschlote und
Fumarolen (S. 20).

AZURIT
Azurit ist ein Kupfermineral mit Blauton, daher der
Name „azurblau". Im
Altertum wurde es
zerstampft und
als Farbstoff
verwendet.

Allochromatisch

Viele Mineralien kommen aufgrund von Unreinheiten oder Licht absorbierenden Fehlern in der Struktur in vielen Farben vor. Man bezeichnet sie als allochromatisch. So können z. B. Quarz, Diamant, Beryll und Korund rot, grün, gelb und blau sein.

RHODOCHROSIT
Manganmineralien wie dieser Rhodochrosit (Manganspat, $MnCO_3$) sind meist zartrosa oder rot. Spuren von Mangan können auch Berylle rötlich färben (z. B. Morganit).

KOBALTBLÜTE
Kobaltmineralien sind in der Regel rosa oder rötlich. Spuren von Kobalt färben ansonsten farbloses Mineral.

FLUORIT
Manche Mineralien absorbieren unsichtbares ultraviolettes Licht (S. 15) und strahlen dann sichtbares Licht ab, sie „fluoreszieren". Die fluoreszierende Farbe eines Minerals unterscheidet sich von seiner Farbe bei Tageslicht. Dieses Flussspatmineral ist z. B. im Tageslicht grün.

Farbenspiel

Manche Mineralien schillern wie Seifenblasen oder die Oberfläche eines Ölfilms. Solche Effekte beruhen auf der Brechung und Reflexion von Licht an verschiedenen Schichten, die dazu führen, dass sich die Lichtwellen überlagern (Interferenz). Bei Kristallen sind hierfür Verzwillingung (S. 21) und Spaltflächen (S. 15) verantwortlich. Winzige plättchenartige Einschlüsse wirken ähnlich.

SALZ
Die Farbigkeit von Kochsalz ist vermutlich zurückzuführen auf ein Farbzentrum in der Struktur des Kristalls, das durch ein fehlendes Atom entsteht.

HÄMATIT
Diese Hämatitkristalle aus Elba schillern in allen Regenbogenfarben, sie „irisieren". Ursache ist die Überlagerung von Lichtwellen (Interferenz).

LABRADORIT
Dieses Feldspatmineral bildet gelbliche Kristalle, öfter aber graublaue kristalline Massen. Innere Zwillingsbildung führt zu Interferenz und schillerndem Farbenspiel (Labradorisieren).

Bestimmung

Die erste Frage bezüglich eines Minerals, Kristalls oder Edelsteins lautet fast immer: „Was ist das?" Voraussetzung für die Bestimmung eines Kristalls ist eine Untersuchung seiner Eigenschaften. Fast alle Mineralien haben fest definierte chemische Zusammensetzungen und eine klar erkennbare Struktur (S. 14–15), die die charakteristischen Merkmale bestimmen. Farbe (S. 16–17), Habitus (S. 22–23), Spaltbarkeit (S. 15) und Oberfläche lassen sich mit der Lupe untersuchen, doch meist reicht das nicht zur eindeutigen Bestimmung. Andere Eigenschaften wie Härte und Dichte (spezifisches Gewicht, D) lassen sich mit einer Grundausrüstung ermitteln, doch zur Erforschung von optischen Eigenschaften, Atomstruktur oder chemischer Zusammensetzung sind komplizierte Geräte nötig.

VERWECHSLUNGSGEFAHR
Zwei fast gleichfarbige, aber verschiedene Edelsteine: ein gelber Topas (S. 42) und ein Zitrin (S. 32).

Sherlock Holmes, die berühmte Kriminalromanfigur, befindet sich mit einem Hund auf Spurensuche.

DOPPELT SEHEN
Eine wichtige Eigenschaft mancher Kristalle ist die Doppelbrechung (hier in einem Kalzitrhombus). Der einfallende Lichtstrahl wird gespalten, sodass ein doppeltes Bild entsteht.

Doppelbild eines Wollfadens in Kalzit

Hydrostatische Waage zur Bestimmung des spezifischen Gewichts

Orthoklas D 2,6

Bleiglanz D 7,4

AUSGEWOGEN
Das spezifische Gewicht gibt an, um wie viel ein Stoff schwerer ist als die volumengleiche Menge an Wasser. Teilt man die Masse (das „Gewicht") eines Körpers durch sein Volumen, erhält man seine Dichte (sein „spezifisches Gewicht"). Bei beiden Kristallen ist die Größe nahezu gleich, die Dichte aber aufgrund der Art und Anordnung ihrer Atome unterschiedlich.

Härte

Die Härte eines Festkörpers hängt davon ab, wie stark die Bindungskräfte zwischen den einzelnen Atomen sind. 1812 entwickelte Friedrich Mohs die nach ihm benannte Härteskala. Er wählte zehn Mineralien aus und ordnete sie nach ihrer Härte, wobei jedes nur das nach ihm rangierende ritzen kann. Die Härteunterschiede sind zwischen den zehn Mineralien gleich, ausgenommen die Stufe vom Korund (9) zum Diamanten (10).

1 Speckstein

2 Gips

3 Kalzit

4 Flussspat

ENTLARVEND
Wichtig ist die chemische Zusammensetzung eines Kristalls oder Minerals. Die moderne Technik liefert erstaunliche Ergebnisse. Diese kleinen blaugrauen Kristalle auf Brauneisenerz entpuppten sich beim Röntgen als Symplesit (Eisenarseniat). Weitere Untersuchungen ergaben überraschenderweise auch Kalzium- und Zinkanteile.

RASTERFAHNDUNG
Dieser Diamant wurde mit dem abgebildeten Rasterelektronenmikroskop untersucht. Dabei tastete ein gebündelter Elektronenstrahl das Objekt ab, wodurch das typische Röntgenspektrum entstand (siehe unten).

10 Diamant

Das Röntgenspektrum zeigt Spitzen für Eisen (Fe), Arsen (As), Kalzium (Ca) und Zink (Zn).

Rubin, verfärbt durch Chrom

Alamandin-Rubin, durch Eisen verfärbt

„WELLENBRECHER"
Unter dem Spektroskop kann man Edelsteine gleicher Farbe unterscheiden. Licht fällt durch einen Schlitz und spaltet sich in die Spektralfarben auf (S. 16). Hält man einen Stein vor die Lichtquelle, erscheinen dunkle Bänder im Spektrum, wo die Wellenlängen vom Kristall „verschluckt" werden.

SCHATTENSPIELE
Der Brechungsindex (B) eines Minerals bezeichnet seine Fähigkeit, einen Lichtstrahl zu beugen. Das erleichtert die Bestimmung. Mit einem Refraktor (Brechungsmesser) lässt sich der Index ermitteln: Man sendet einen Lichtstrahl durch den Stein. Je nachdem, ob der Stein einfache oder doppelte Brechung aufweist, werden einer oder zwei Schatten auf eine Skala geworfen.

Spinell
B = 1,71

Turmalin
B = 1,62 und 1,64

9 Korund

Diamant

Saphir

8 Topas

7 Quarz

Chrysoberyll

Topas

6 Orthoklas

Granat

5 Apatit

MOHS (1773–1839)
Friedrich Mohs entwickelte in Graz die nach ihm benannte Härteskala. Er war Professor für Mineralogie in Graz und Wien.

Opal

Peridot

Amethyst

Wachstum

Kristalle wachsen, indem sich die Bausteine Schicht für Schicht zu einem regelmäßigen dreidimensionalen Gitter (S. 14–15) anordnen. Sie bilden sich aus Gasen, Flüssigkeiten oder Festkörpern und wachsen aus einem Keim oder von einer Oberfläche. Ein vollkommener Kristall findet sich selten. Temperatur, Druck, chemische Bedingungen und vorhandener Platz beeinflussen das Wachstum. Da sich in einer Stunde Millionen und Abermillionen von Atomen an der Kristalloberfläche ablagern, überrascht es nicht, dass Baufehler vorkommen.

KRISTALLSCHICHTEN
Die Vergrößerung (Mikrofotografie) zeigt Schichten verschiedener Kristalle in einem Dünnschliff magmatischen Gesteins.

VERDREHT
Manche Kristalle sind wie dieser Antimonit verdreht – vielleicht durch mechanische Einwirkung beim Wachsen.

MINERALQUELLEN
Heiße, wässrige Minerallösungen und mineralhaltige Gase kommen manchmal durch heiße Quellen oder durch Fumarolen genannte Gasaustrittsstellen an die Erdoberfläche. Die Mineralien (z. B. Salmiak) können dann auskristallisieren.

Salmiakkristalle

IN DER TASCHE
Kristalle wachsen oft in Hohlräumen von Gesteinen, welche dann als Drusen bezeichnet werden. Diese Druse wurde 1979 in Maine gefunden.

KRISTALLISATION
Bei der Abkühlung von Magma bilden sich verschiedene Kristalle, manchmal in Schichten, da die gesteinsbildenden Mineralien nicht gleichzeitig auskristallisieren.

MIT GEWALT
Durch die hohen Temperaturen und den Druck in der Erdkruste können Mineralien in Festgestein neu kristallisieren. Das ist die sogenannte Metamorphose. Auf diese Art entstanden auch diese blauen Cyanit- und braunen Staurolithkristalle.

Siderit

Quarz

Kupferkies

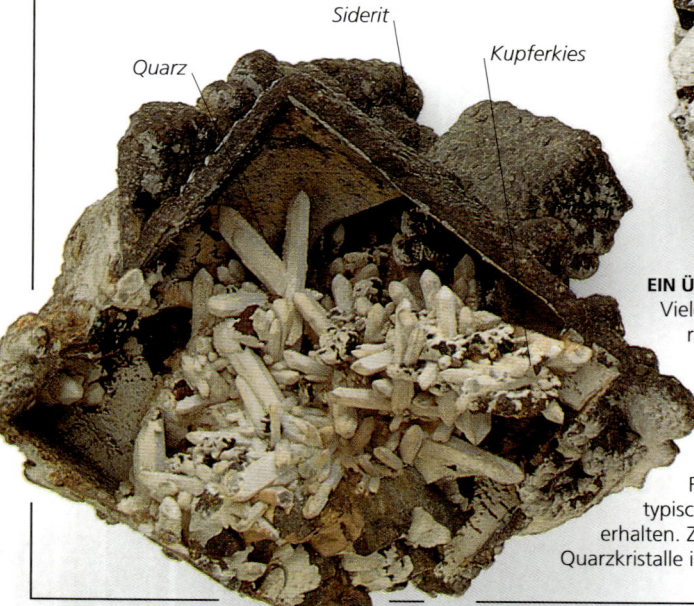

EIN ÜBERRASCHUNGSPAKET
Viele Mineralien kristallisieren aus wässrigen Lösungen. Wir sehen nur das Endprodukt, können aber oft die Entstehung nachvollziehen. Dieses Exemplar entstand aus einem Flussspat, der mit Siderit überzogen wurde. Später löste sich der Flussspat auf und verschwand, die typische Würfelform seines Kristalls blieb erhalten. Zuletzt wuchsen Kupferkies- und Quarzkristalle im hohlen Würfel.

BAUSTEINE
Wolkenkratzer entstehen ähnlich wie Kristalle – Schicht um Schicht in derselben symmetrischen Form.

Zwillinge

Beim Kristallisieren können zwei Kristalle eines Minerals symmetrisch miteinander verwachsen oder sich durchdringen, entsprechend unterscheidet man Berührungs- und Durchdringungszwillinge. Wenn sich der Vorgang wiederholt, entstehen Drillinge, Vierlinge oder Viellinge.

Ätzfigur

ECHT ÄTZEND
Wie in diesem Beryll können Säuren oder heiße Gase in Mineralien Ätzfiguren bilden, wenn sich das Mineral löst. Von der Form der Figuren lässt sich auf das Kristallsystem schließen.

SPIRALE
Kristallflächen sind aufgrund zahlreicher Kristallbaufehler selten eben. In dieser Vergrößerung erkennt man, dass die Atome Spiralen statt der üblichen Schichten über die Fläche bilden.

SCHMETTERLINGE
Diese Zwillingsform nennt man Schwalbenschwanz. Das Bild zeigt einen Kalzitkristall.

DURCHKREUZT
Durchdringen sich zwei Kristalle, spricht man von Durchdringungs- oder Durchkreuzungszwillingen (hier ein violetter Flussspat-Zwilling).

UM DIE WETTE
Versuchen zwei Kristallformen, gleichzeitig zu wachsen (S. 13), bilden sich an den Kristallflächen sogenannte Zwillingsstreifen.

Zwillingsstreifen am Pyritkristall

AUF DEN TRICHTER
kommen Mineralien, hier Bleiglanz, wenn einige Kristalle an den Kanten schneller wachsen als im Innern. Dann entstehen trichterförmige Hohlräume in der Kristallfläche.

KRISTALLGEHEGE
Hämatit-, Chlorit-, Turmalin- und andere Kristalle durchziehen als Einschlüsse andere Mineralien.

Rutilnadeln (Venushaar) im Quarz

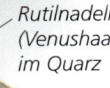

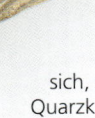

PHANTOMQUARZ
Diese Schichten bildeten sich, als dunkelgrüne Chlorite die Quarzkristalle in Wachstumspausen überzogen. Man spricht hier von Phantom- oder Gespensterquarz.

Phantom- oder Gespensterschichten

Flüssige Einschlüsse

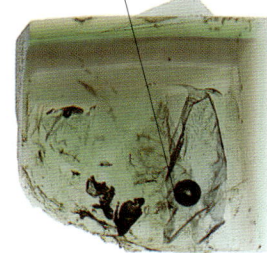

Flussspatkristall mit Einschlüssen alter mineralbildender Flüssigkeiten

Wohlgestaltet

Zwei Faktoren bestimmen die Gestalt eines Kristalls, die „Tracht" (Flächenkombination: „Welche Flächen kommen vor?") und der Habitus (lat. für „Aussehen"). Der Habitus ergibt sich aus der relativen Länge und Breite der Flächen eines Kristalls. Viele Kristalle haben im Idealfall einen ganz typischen Habitus und sind dann schon an ihrer äußeren Form erkennbar. Doch meist reicht die Betrachtung der Gestalt allein nicht zur Bestimmung aus. Häufig kommen Mineralien als Gruppen von Kristallen, als „Aggregate" vor, selten als formschöne Einzelkristalle.

TAFELIG
Dieser große, rote Wulfenitkristall stammt aus der Red-Cloud-Mine in Arizona. Sein Aussehen (der Habitus) ist tafelig. Solche Kristalle sind oft extrem dünn. Wulfenit zählt zum Tetragonalsystem.

ZWEI FORMEN
Diese „Pilze" sind Kalzitkristalle. Sie zeigen die Entwicklung zweier Formen: Ein Skalenoeder bildet den „Stiel", den parallel liegende Rhomboeder begrenzen. Sie kommen aus Cumbria in England.

SPIESSIG
Wie ein Seeigel mutet dieser Mesolith mit seinen nadeligen, radiastrahligen Kristallen an. Sie sind leicht zerbrechlich und stechen wie Nadeln. Dieses Aggregat stammt aus Mumbai (Bombay, Indien).

STALAKTITISCH
nennt man die schwarz glänzenden Goethit-Aggregate in dieser Gruppe aus Koblenz. Goethit ist ein wichtiges Eisenerz und gehört zum orthorhombischen System.

MASSIVBAU
Wenn die Kristalle wie bei diesem Dumortierit nicht einzeln erkennbar sind, sondern dicht gepackt, spricht man von massiven Kristallen. Dieser Dumortieritbrocken stammt aus Bahia (Brasilien).

KRISTALLARTIG
wirken diese Basaltsäulen im *Giant's Causeway* an der Nordküste Irlands. Die Säulenbildung beruht jedoch nicht auf Kristallwachstum, sondern auf Abkühlungsschrumpfung der heißen Lava.

LAUTER ERBSEN
Dieser Kalkstein aus der ehemaligen Tschechoslowakei ist pisolithisch, nach großen, runden Kristall-Aggregaten (Pisolithen) benannt, die sich aus konzentrischen Schichten aufbauen.

DENDRITISCH
Baumartig ist der Habitus dieser Kupferkristalle aus Neusüdwales (Australien). Kupfer bildet sich oft in hydrothermalen Lagern und füllt Löcher in Basaltflüssen, findet sich aber auch in gekörnter Form in Sandstein.

PRISMATISCH
Beryllkristalle kommen häufig in Granitpegmatiten (S. 25) vor und können riesig sein. Diese hier aus einem Steinbruch in Maine (USA), sind prismatisch – in einer Richtung länger als in der anderen. Länge: über 9 m.

„OHREN"
Wie Ohren wachsen diese beiden Gipskristalle auf den linsenförmigen Kristallen aus Winnipeg (Kanada).

Gipszwilling

Blättriger Hornblendekristall

Kugelförmige Kalzitkristalle

KORALLENARTIG
ist die Gestalt dieser blassgrünen Aragonitkristalle aus der Steiermark.

EISKUGELN
Wie Eiskugeln sehen die kugeligen Kalzitkristalle aus. Bei den anderen Kristallen handelt es sich um klaren Quarz. Das Aggregat kommt aus der Valenciana-Mine in Mexiko.

BLÄTTRIG
Der prismatische, schwarze Block aus dünnen, langen Blättchen besteht aus Hornblende. Die weißen Kristalle sind Analcim, das rötliche Mineral ist Serandit. Dieses Aggregat stammt vom Mont St. Hilaire, Québec.

QUARZHÖHLE
Physikalische und chemische Bedingungen beeinflussen das Kristallwachstum. Viele schöne Kristalle bilden sich in Hohlräumen, in kleinen Nestern (S. 7) oder in Riesenhöhlen (Darstellung einer Quarzgrotte aus dem 19. Jh.).

Stich aus dem 19. Jh.:
Bergleute fahren in
die Steinsalzmine in
Wiellczka (Polen) ein.

Seit uralten Zeiten

Bereits in prähistorischer Zeit suchte man
nach Bodenschätzen und Edelsteinen. Kupfer
ist relativ häufig. Silber, Gold und Diamanten
sind seltener, erzielen aber höhere Preise. Soll
sich der Abbau lohnen, muss das Material in
ausreichender Menge vorhanden und verhält-
nismäßig leicht zu gewinnen sein, sei es im
Tagebau oder unter Tage. Mineralien, aus
denen man Nutzmetalle wie Kupfer, Eisen
oder Zinn gewinnt, nennt man Erze.

Kupferkies

VERSTREUTE KÖRNER
Gesteine mit weniger als 2 % Erzanteil
werden heute abgebaut. Das Erz, wie
dieses Kupferkies-Eisenerz, ist in kleinen
Körnchen im Gestein verteilt. Beim
Abbau entstehen Riesenmen-
gen von Geschütte oder
Abraum. Zurück bleibt
ein gewaltiges Loch.

RÖMER IN CORNWALL
Die Technik des Bergbaus hat sich
seit der Römerzeit verbessert, doch
noch immer wird das Erz gepocht
und von anderen Ganggesteinen
geschieden, danach verfeint.

Barren
gefeinten
Zinns aus
Cornwall

Kupfererz

Quarz

REICHE ADER
Größere Erzvorkommen
treten als Adern auf, doch
die meisten hochwertigen
Erze sind bereits abgebaut. Erz-
adern werden in der Regel unter
Tage ausgebeutet. Diese Ader in
Granit enthält Kupferkies und Quarz.

*Blaue Linsenerzkristalle (ein
Kupfererz) aus einer sekundär angereicherten Schicht*

*Ader von Kupfer-
indigo (einem
Kupfersulfid) aus
einer sekundär
sulfidangereicher-
ten Schicht*

ALLMÄHLICHE VERBESSERUNG
Der natürliche Prozess sekundärer Anreicherung kann relativ geringe
Erzanteile in höhere verwandeln. Das Grundwasser sickert durch die
oberen Gesteinsschichten und führt Elemente nach unten. Diese
lagern sich in unteren Schichten ab und reichern sie somit an. Ange-
reicherte Schichten können enthalten: Azurit, Malachit, auch Linsen-
erz oder Sulfidmineralien wie Bornit, Kupferglanz und Kupferindigo.

GOLDWÄSCHER

Im wirbelnden Wasser der Metall- oder Holzschale werden die unerwünschten Ganggesteine weggewaschen, Gold oder andere Mineralien bleiben zurück. Hier wird die Technik beim Aussieben edelsteinreicher Flusskiese in Birma und Thailand angewendet.

Ein Goldwäscher am Irrawaddy in Birma sucht nach aufblitzenden Goldkörnern.

AUSTRALIEN

ist die Heimat schöner weißer Opale (S. 40–41). In der Coober-Pedy-Mine im Süden des Landes werden sie im Untertagebau gefördert.

Turmalin-kristall

NACHZÜGLER

Granitpegmatite bestehen aus großen Kristallen und liefern viele schöne Schmucksteine, wie Turmaline (S. 43), Topase (S. 42), Berylle (S. 38–39). Sie entstehen durch Kristallisation der Restflüssigkeiten vor dem Erstarren des Granits.

ETWAS KLEINER

Diese Beryllkristalle messen etwa 20 x 14 cm, sind im Vergleich zu anderen Kristallen in Pegmatiten aber klein.

TAGEBAU

Aus der Argyle-Mine in Westaustralien kommt ein Drittel der jährlich geförderten Diamanten (S. 34–35).

Zuchtkristalle

Seit über hundert Jahren haben sich Wissenschaftler um die künstliche Erzeugung von Kristallen bemüht, die jenen aus der Erdkruste gleichen. Naturkristalle enthalten oft Verunreinigungen oder Fehler (S. 20–21), synthetische lassen sich makellos herstellen. Gestalt und Größe lassen sich beliebig festlegen. In jüngster Zeit hat eine Reihe von Kunstkristallen für die moderne Technologie an Bedeutung gewonnen. Heute finden sie sich fast in jedem elektronischen oder optischen Gerät. Die zukünftige Entwicklung der Elektronik hängt nicht zuletzt von der Weiterentwicklung der Kristallzuchttechnik ab.

HEISS UND KALT
Diese Gruppe von Wismutkristallen entstand durch Schmelzen und Abkühlen des Metalls in einem Tiegel. Verwendungszweck: Löten, elektrische Sicherungen, Farbstoffe.

ALLES FLIESST
Viele Smaragde entstehen durch die Schmelzflusstechnik. Die Bestandteile des Smaragds werden in Pulverform mit einem Schmelzmittel im Tiegel erhitzt. Das Mittel schmilzt, das Pulver löst sich auf, nach der Abkühlung bilden sich daraus Kristalle. Die Wachstumsdauer beträgt mehrere Monate.

Synthetischer Smaragd, geschliffen

Synthetischer Smaragdkristall

KRISTALLE IM ALL
Sogar im All wird mit Kristallzucht experimentiert. Der Astronaut George Nelson fotografiert einen Versuch mit Proteinkristallen an Bord der *Discovery* 1988.

SCHÖNER ZUG
In der Natur kommt reines Silizium nicht vor, doch man kann Kristalle züchten. Quarzsand wird in einem Tiegel zusammen mit Koks erhitzt. In die Schmelze taucht man einen Kristallkeim an einem rotierenden Stab und zieht ihn langsam heraus (man „zieht" einen Kristall).

Kristallzucht

Lupenreine Kristalle lassen sich durch langsames Abkühlen oder Verdunstung übersättigter Salzlösungen (Halit, Alaun oder Ammoniumdihydrogenphosphat (ADP)) erzeugen. Die Fotos halten folgenden Versuch fest: ADP in Pulverform mit kleiner Chromalaun-Verunreinigung wird in kochendem Wasser völlig aufgelöst und dann abgekühlt.

Die Flüssigkeit erkaltet: Bildung prismatischer wolkiger Kristalle.

Die Kristalle wachsen langsamer und werden klarer.

Die Kristalle wachsen bei Raumtemperatur weiter.

Weiteres Wachstum, da das Wasser verdunstet.

EINKRISTALL
Um 1900 entwickelte August Verneuil das Schmelzofenverfahren zur Herstellung von Spinell, Rutil und Korund. Pulver fällt in eine Knallgasflamme, schmilzt und tropft auf einen Schamottestab. Beim Abkühlen bildet sich langsam ein sogenannter Einkristall.

Schamottestab

HENRI MOISSON (1852–1907)
Moisson versuchte, Kunstdiamanten in Eisentiegeln zu erzeugen.

HEUREKA!
1970 gelang der US-amerikanischen General Electric Company die Herstellung solcher Diamanten in Edelsteinqualität.

Synthetischer
Einkristall,
Saphir

Synthetische
Rubine aus
einem Tiegel

Zwei Hälften eines
synthetischen
Rubin-Einkristalls

IMMER GRÖSSER
Der Franzose Fremy züchtete 1877 als Erster größere Rubinkristalle. Im Porzellantiegel verschmolz er die Grundstoffe bei sehr hohen Temperaturen.

Tiegel mit kleinen
Edelsteinen, 1890

FAST SO HART WIE DIAMANT
Der künstliche Stoff Karborund (Siliziumkarbid) wird in elektrischen Schmelzöfen, die mit Sand und Koks beschickt werden, erzeugt. Die Härte beträgt 9,5 (S. 18–19). Karborund findet v. a. als Schleifmittel Verwendung.

*Hexagonaler
Karborundkristall*

GOLDFIEBER
Jahrhundertealt ist der Traum vom Goldmachen. Dazu benötigte man offenbar einen umfangreichen Gerätepark, wenn man diesem Ausschnitt aus *Der Alchemist bei der Arbeit* von David Teniers (1582–1649) glauben darf.

Kristalle bei der Arbeit

Kristalle spielen eine wichtige Rolle im schnelllebigen technischen Zeitalter. Zwar wusste man bereits vor dem 20. Jahrhundert Grundlegendes über Kristalle, doch erst in jüngster Zeit gewann die Kristalltechnologie an Bedeutung: Kristalle finden in Steuerschaltungen, Maschinen, Kommunikationsmitteln, Industriewerkzeugen, in der Elektronik und in der Medizin Verwendung. Auch beim Einkaufen begegnen sie uns – in Kreditkarten. Aus dem Kristalllabor (S. 26–27) kamen schon der Siliziumchip, Rubin-Laser und Diamanten für vielerlei Werkzeuge. Immer neue Kristalle werden für besondere Zwecke entwickelt.

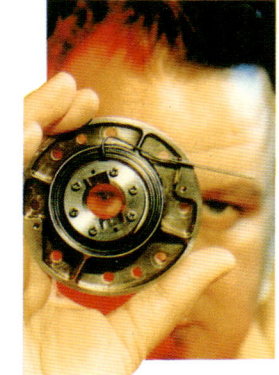

DIAMANTENFENSTER
Auch im All hat man bereits Diamanten eingesetzt, da sie aufgrund ihrer enormen Härte extremen Bedingungen trotzen. Für ein Experiment der *Pioneer*-Sonde zur Venus setzte man ein Diamantfenster in diese Infrarot-Radiometer. Das nur 2,8 mm dicke Fenster widerstand einer Temperatur von 450 °C nahe der Venusoberfläche.

Wafer

SCHEIBCHENWEISE
Siliziumchips stellt man aus Wafers, hauchdünnen Scheiben von künstlichen Siliziumkristallen (S. 26), her. Die elektronischen Schaltungen werden aufgeätzt. Die Schaltmuster überträgt man durch ein Stück Film, die Matrix, auf den Wafer.

Siliziumchip (unter Schutzabdeckung)

Siliziumchip-Matrix

PLATINE
In einem Großcomputer befinden sich viele Chips mit unterschiedlichen Funktionen. Die Chips sind zum Schutz in Kunststoff eingegossen und durch Leiterbahnen mit den anderen auf einer Trägerplatte (Platine) verbunden.

KLUGE KARTEN
In den Siliziumchips dieser Kreditkarten sitzen eingebaute Minicomputer. Solche „klugen" Karten, die immer noch weiterentwickelt werden, geben ihren Besitzern Auskunft über den Kontostand und ähnliche persönliche Daten.

RUBINSTAB
Manche Laser verwenden Rubinkristalle. Die Atome im Rubin werden durch Licht einer bestimmten Wellenlänge angeregt (S. 15) und treten in Wechselwirkung mit den Lichtwellen. So entsteht ein reinroter Laserstrahl.

Siliziumchip

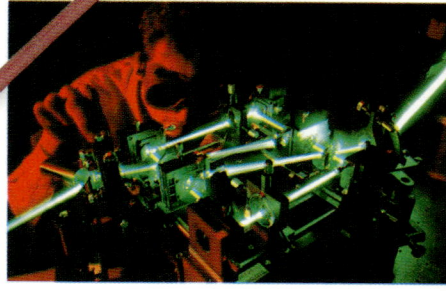

LASERSTRAHLEN
Die sehr heißen Laserstrahlen können auf kleinste Punkte gerichtet werden. Das nutzt man beim Punktschweißen und Bohren und in der Chirurgie.

Diamantwerkzeug

Zum Sägen, Bohren und Schleifen werden gern Diamanten wegen ihrer Härte verwendet. Man setzt sie in vielen Bereichen ein, vom Steinbruch bis zur Augenchirurgie. Entsprechend unterschiedlich sind Form und Größe. Über 80 % der Industriediamanten sind synthetisch.

Augenoperation: Der Chirurg benutzt ein Skalpell mit Diamantklinge.

DIAMANTSKALPELL
Der Diamant ist nicht nur hart, sonder auch rostfrei, also ideal für die Chirurgie. Dieses Skalpell hat eine Naturdiamantklinge.

Diamantklinge

BOHRER
Für Gesteins- und Erdbohrungen benutzt man Diamantbohrer, auch im Bergbau und zur Ölförderung. Meist sind die Meißel mit Diamanten besetzt. Andere Bohrer werden mit Diamantenstaub oder -schmirgel beschichtet.

Mit Naturdiamanten besetzte Bohrkrone

Mit synthetischem Diamantschmirgel beschichtete Bohrkrone

Schneideteil mit synthetischem Diamantschmirgel

DIAMANTSTAUB
Schleif- und Polierpulver stellt man aus Synthetikdiamanten oder wertlosen Natursteinen her.

AUF DRAHT
Beim Schneiden mit Diamantdraht gibt es kaum Materialverlust. Diamantdraht benutzt man u. a. zum Schneiden von Steinen und für Abrissarbeiten an Betonbauten. Der Draht wird um eine Trommel gewickelt oder als Endlosband benutzt.

„Perle" aus synthetischem Diamantschleifstein

ZAHNERSATZ
Mit Diamanten besetzte Sägen schneiden Glas, Keramik und Stein. Die Sägeblätter haben einen mit Industriediamanten bestückten Rand, der auf einer Stahlplatte sitzt. Diese Zähne stecken in einem Träger aus Messing. Beim Schneiden nutzt sich der Träger ab, neue Diamanten treten heraus.

Mit einer Diamantsäge wird eine Fensteröffnung in eine Ziegelmauer geschnitten.

Immer in Schwung

Quarz ist nach den Feldspaten das häufigste Mineral der Erdkruste. Es tritt oft in Adern auf (S. 24), und häufig gehen Quarzvorkommen mit anderen großen Minerallagern einher. Quarz ist auch ein Hauptbestandteil von Granit, Sand und Sandstein. Als Quarzit und Sandstein findet es häufig Verwendung als Baumaterial und bei der Herstellung von Glas und Keramik. Eine höchst interessante Eigenschaft der Quarzkristalle ist die Piezoelektrizität (S. 31). Dadurch eignet sich Quarz zur Druckmessung, und Quarzkristallschwingungen sorgen für gleichbleibende Frequenzkontrolle in Radios und Fernsehern. Den „kristallelektrischen Effekt" nutzt man auch bei Gasanzündern. Auf Druck produziert der Kristall einen Funken, der das Gas entzündet. Auch zum Heilen von Krankheiten werden Kristalle eingesetzt.

ENTTHRONTER FAVORIT
Quarzkristalle aus Brasilien spielten vor dem Aufkommen von Synthetikkristallen (S. 26–27) eine große Rolle in der Elektronik. Ein Minenarbeiter zeigt einen der Riesenkristalle.

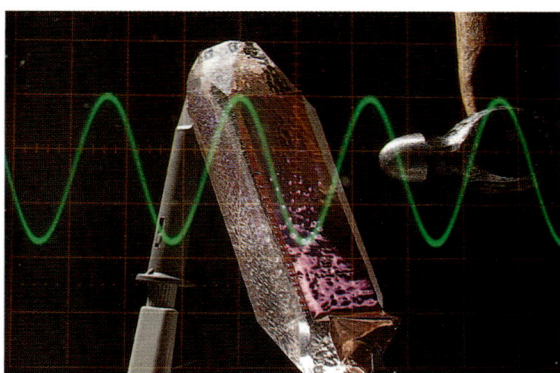

ENERGIEWELLEN
Quarzkristalle in der Elektronik: Sie verwandeln die mechanische Energie eines Hammerschlags in elektrische Impulse, was man am Oszillographenschirm verfolgen kann.

KRISTALL-TRIO
Große Quarzkristalle sind in diesem Granitpegmatitkristall-Aggregat (S. 25) zu sehen, außerdem schöne Kristalle von Feldspat und Glimmer, den anderen beiden Hauptbestandteilen des Granits.

Glimmer — Feldspat — Quarz

IMMER AUF ACHSE
Quarz wie dieses Kristall-Aggregat aus Cornwall (Südwestengland), kristallisiert meist in sechsseitigen Prismen mit Rhomboederendungen (S. 22). Die Achse zeigt nur dreizählige Symmetrie. An vielen Kristallen wachsen die Flächen in verschiedenen Mustern.

Hexagonaler, prismatischer Kristall

Quarz — Gold

ÜBERFLÜSSIGE GÄNGE
Viele Quarzadern tragen metallische Minerallager (S. 24). Dieser Quarz aus der St.-Davids-Mine in Wales enthält Gold. Quarz und Gold wurden durch hydrothermale (heiße, wässrige) Lösungen dort abgelagert. Im Bergbau gilt Quarz als unerwünschtes Mineral, als „Gangart".

*„Links-Quarz",
kleine
Kristallfläche*

*„Rechts-Quarz"-
Kristall*

RECHTS ODER LINKS
In einem Quarzkristall verbinden sich Silizium- und Sauerstoffatome zu einem Tetraeder (einer vierseitigen Dreieckspyramide). Aus diesen Tetraedern bildet sich eine Spirale, die nach links oder rechts laufen kann. Diese Struktur verursacht die Piezoelektrizität des Quarzes.

„Links-Quarz"-Kristall

Das Kristallpendel soll den Heilungsprozeß fördern.

Magische Kräfte

Das Heilen mit Steinen ist eine alte Kunst. Man meint, das elektromagnetische Feld des Körpers, die Aura, sauge die Strahlung der Kristalle und Steine auf. Der Empfänger wird sich dann der geistigen und emotionalen Ursachen seiner Krankheit bewusst und gesundet.

KLARER FALL
Bergkristalle wie aus diesem Aggregat aus den USA werden wegen ihrer Schönheit und Klarheit geschätzt und oft zum Heilen verwendet.

ALPENARCHITEKTUR
In den Alpen finden sich solche schönen Rauchquarz-Aggregate in verzerrter Form. Diesen Kristallbaufehler nennt man Gwindel.

HEILKRÄFTE
Katrina Raphaell, die Gründerin der Crystal Academy in Taos (New Mexico) führt eine Heilung vor. Sie hat dem Patienten Steine und Kristalle an wichtigen Nervenpunkten aufgelegt.

Piezoelektrizität

1880 entdeckten die Brüder Pierre und Jaques Curie, dass man durch Druck auf einen Quarzkristall positive und negative Ladungen im Kristall erzeugen kann. Später stellte sich heraus, dass der Kristall in einem elektrischen Wechselfeld in Schwingung gerät. So ein Schwingquarz wird zur Kontrolle von Radiowellen und in Quarzuhren verwendet (Quarzsteuerung).

Jacques und Pierre Curie mit ihren Eltern

KUNSTPRODUKT
Um der steigenden Nachfrage nach reinen, makellosen Quarzkristallen gerecht zu werden, stellt man sie künstlich her (S. 26).

STIMMT GENAU
Eine hauchdünne Quarzkristallscheibe (hier stark vergrößert) sorgt für den genauen Gang einer Quarzuhr.

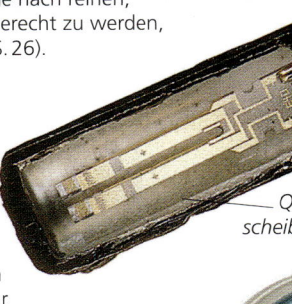

*Quarzkristall-
scheibe*

SCHWUNGVOLL
Die Kristallscheibe einer Quarzuhr schwingt pro Sekunde über 30 000-mal. Durch die gleichmäßigen Schwingungen geht die Uhr sehr genau.

Quarz

Quarz ist Siliziumdioxid. Es kommt in einzelnen Kristallen oder als feinkörniges Mineral in vielen Formen, Mustern und Farben vor. Unter idealen Bedingungen wachsen Riesenkristalle, besonders in Brasilien. Der bislang größte Bergkristall war 6 Meter lang und wog über 48 Tonnen. Auch aus Madagaskar, den USA und den Schweizer Alpen kommt schöner Quarz. Quarz ist spröde und nicht spaltbar (S. 15), daher ideal für die Schmucksteinverarbeitung. Der Name Quarz bezeichnet meist einzelne Kristalle oder derbe Aggregate, der feinkörnige Typ heißt Chalzedon oder Jaspis.

SAND UND STAUB
Quarz ist ein Hauptbestandteil von Sand und Staub in der Luft. Daher kann Staub Steine mit einer Härte von 6 oder weniger (S. 18–19) ritzen.

QUARZKRISTALL
Kristallsystem: trigonal; Härte: 7; Dichte: 2,65

Von A(methyst) bis Z(itrin)

Die bekanntesten Einkristalle bei Quarz sind farbloser Bergkristall, violetter Amethyst, Rosenquarz, Rauchquarz und gelber Zitrin. Diese transparenten Kristalle lassen sich dank ihrer Größe zu Schmucksteinen verarbeiten.

IN ADERN UND NESTERN
Die schönsten Amethyste – von allen Quarzen am begehrtesten – kommen aus dem Ural, aus Brasilien, Uruguay und Indien. In Russland finden sie sich als Adern in Granit, in den anderen Ländern treten sie als Geoden (S. 7, 62) in Basalt auf.

Amethyst · Achat · Granat · Perle · Aquamarin · Achat · Amazonit

KONKURRENZLOS SCHÖN
Diese Schatulle stammt aus dem 19. Jh. Ein Granat (S. 44), ein Amazonit, zwei Perlen (S. 55), zwei Achate und drei Amethyste umgeben einen Zitrin von erlesener Schönheit.

BACCHUS **VON CARAVAGGIO**
Nach einem französischen Gedicht aus dem 16. Jh. beschloss der Weingott Bacchus in einem Zornesausbruch, den ersten Menschen, der ihm begegnete, den Tigern zum Fraß vorzuwerfen. Das war die Jungfrau Amethyst. Zur Rettung verwandelte die Göttin Diana sie in einen weißen Stein. Voll Reue goß der Gott Wein über den Stein, um Diana zu versöhnen. Seitdem ist der Amethyst purpurrot.

ROSE MIT STERN
Einkristalle sind beim Rosenquarz selten. Bevorzugt wird der Cabochonschliff (S. 59) oder die Verarbeitung zu Perlen. Manchmal sind Sternformen zu erkennen.

SCHÖN BUNT
Farbloser Bergkristall ist reiner Quarz, die anderen Farben entstehen durch Verunreinigungen. Amethyst und Zitrin enthalten Eisen, Rosenquarz Titan und Eisen, Aluminium färbt den Rauchquarz.

Dichte

Viele Quarzarten, die sich aus winzigen Körnern oder Fasern zusammensetzen, sind dicht. Chalzedon – wie Karneol, Chrysopras und Achat – und Jaspis unterscheiden sich durch unterschiedliche Anordnung dieser Körner. Tiger- und Falkenaugen entstehen, wenn kleinste Asbestfasern von Quarz- und Eisenoxiden verdrängt werden.

ACHAT

In Chalzedon liegen die Körner in Schichten, deren Aufbau in den verschiedenfarbigen Achatschichten klar erkennbar ist. In diesem Fall kristallisierten sie nacheinander auf die Mitte eines Lavahohlraums zu.

Hier trat eine Quarzlösung in den Lavahohlraum.

Achatbänder

VOM ASBEST ZUR BESTIE

Diese Tigeraugenader enthielt ursprünglich seidige blaue Asbestkristalle. Diese lösten sich auf und wurden durch Einlagerungen von Quarz und Eisenoxiden ersetzt. Der Quarz ahmte die Struktur der Asbestfasern nach, was die Reflexionserscheinung, das „Katzenauge", hervorrief.

Poliertes Tigerauge mit Katzenaugeneffekt

Der Namensgeber des Tigerauges

Karneolader

Bergkristall

SCHÖNHEITSKUR

Eine Wärmebehandlung macht viele Karneole erst zu dem, was sie sind. Durch die Hitze werden in weniger attraktiven Chalzedonen eisenhaltige Mineralien in Eisenoxide umgewandelt. Dadurch entsteht das begehrte Orangerot der Karneole.

KUNTERBUNT

Die verfilzten Quarzkristalle im Jaspis verteilen sich unregelmäßig und vermischen sich mit farbigen Verunreinigungen. Der Stein ist opak.

CHRYSOPRAS

So nennt man die besonders kostbare, lebhaft grüne Chalzedonart. Schon in vorgeschichtlicher Zeit fand er als Schmuckstein Verwendung. Die beste Qualität liefert Australien.

In Gold gefasste Chrysopras-Kamee

DIAMANT
Kristallsystem: kubisch;
Härte 10; Dichte: 3,5

Diamant

Seinen Namen verdankt der Diamant seiner extremen Härte. *Adamas* bedeutet im Griechischen „unbezwingbar". Diamant ist reiner Kohlenstoff und hat eine stark vernetzte Kristallstruktur (S. 14). Dieses härteste aller Minerale entstand 200 Kilometer tief in der Erde und kann bis zu 3000 Millionen Jahre alt sein. Vor über 2000 Jahren entdeckte man Diamanten, vorwiegend in indischen Flusskiesen. Ab 1725 wurde Brasilien zum Hauptlieferland, bis 1870 Südafrika die Produktion steigerte. Heute gewinnen mehr als 20 Länder Diamanten. Russland und der Kongo zählen zu den Hauptproduzenten. Etwa 10 Länder produzieren synthetische Diamanten. Der Diamant besitzt großen Glanz (Lüster) und lebhaftes Feuer. Am besten bringt der Brillantschliff (S. 58) diese Eigenschaften zur Geltung.

Diamant

BLAUGRUND
nennt sich dieser vulkanische Stein, in den der Diamant eingebettet liegt, oder Kimberlit, da er aus Kimberley in Südafrika stammt.

Minen-diamanten

UNGESCHLIFFENE DIAMANTEN
Rohdiamanten aus Kimberlit weisen oft schon den Diamantglanz auf. Steine aus Flusskies können dagegen stumpf aussehen, vermutlich durch starke Beanspruchung im Wasser.

Alluvialdiamanten

DIAMANTENRENNEN
1925 entdeckte man reiche alluviale Lagerstätten (Aufschwemmungen) in Lichtenburg, Südafrika. Die Regierung wollte die Claims (Schürfrechte für ein abgegrenztes Gebiet) bei einem Wettrennen vergeben. Am 20. August 1926 rannten 10 000 Menschen 200 m weit um die Wette, um ihre Claims abzustecken.

Diamanten

WER FINDET DIE DIAMANTEN?
Flusskiese mit Diamanten sind die Folge eines natürlichen Ausleseprozesses. Beschädigte Steine brechen und verwittern leichter. Die harten Diamanten im Kies haben daher größtenteils Edelsteinqualität.

REGENT
Napoleon glaubte, der Regent-Diamant an seinem Degen mache ihn unbesiegbar in der Schlacht. Dieses Bild zeigt Napoleon als Konsul.

STEINREICH
Ein Konglomerat besteht aus verschieden großen, wassergerundeten Kiesen und Mineralkörnern, also Ablagerungsgesteinen. Dieses Konglomeratgestein von der Westküste Südafrikas ist besonders diamantenreich.

INDISCHER DIAMANT
Dieser Rohdiamant aus der indischen Stadt Haiderabad sitzt auf einem sandigen Konglomerat. Viele berühmte Diamanten kommen aus dieser Gegend, so auch der Koh-i-Noor und der Regent.

IM TAL DER DIAMANTEN
Sindbad gelangte auf seinen Reisen in ein Tal mit Diamanten, die von Schlangen bewacht wurden. Er sah wie ein Diamantensucher vom Rand des Tals Fleisch hinunterwarf, damit ein Adler es mit den daran klebenden Diamanten zurückbrächte. Es klappte, doch am Fleisch hingen nicht nur Diamanten sondern auch Sindbad!

SCHMETTERLING
Diese Brosche ist mit über 150 Diamanten besetzt.

IHR BESTER FREUND
In dem Film *Blondinen bevorzugt* sang Marilyn Monroe *Diamonds are a Girl's best Friend*. Dazu passend trug sie einen gelben Diamanten, den „Mond von Baroda".

LOHN EINES GEOLOGEN
1867 schenkte Zar Alexander II. diese mit Diamanten besetzte goldene Schnupftabaksdose mit seinem Porträt dem Vizepräsidenten der *British Geological Survey*, Sir Roderick Murchison, in Anerkennung seiner Verdienste um die russische Geologie.

FANTASIEPREISE
erzielen Diamanten in allen möglichen Farbschattierungen (S. 16). Die schönsten heißen Fantasiediamanten und erzielen entsprechende Preise. Wirklich farblose Steine sind rar.

EINEN STEIN IM BRETT
hatte die Mätresse Agnès Sorel bei Karl VII. von Frankreich. Als erste Bürgerliche brach sie ein Gesetz Ludwigs IX. aus dem 13. Jh. Danach waren Diamanten dem Adel und dem König vorbehalten.

Berühmte Diamanten
Hoch geschätzt sind Diamanten von außerordentlicher Schönheit und Seltenheit. Manche haben eine lange Geschichte, andere sind sagenumwoben. Einige haben sogar Namen wie der Koh-i-Noor.

KRONJUWEL
Der Koh-i-Noor („Berg des Lichts") soll der älteste große Diamant sein. Königin Viktoria bekam ihn 1850 geschenkt, vorher besaßen ihn die Großmogul. Der Schliff war nicht sehr beeindruckend, wie hier zu sehen ist. Heute gehört der Diamant mit neuem Schliff (S. 58) zu den britischen Kronjuwelen.

VERFLUCHT
Der blaue Hope-Diamant soll Unglück bringen. Heute wird der 45,52-Karäter im Smithsonian Institut in den USA aufbewahrt.

DER KÖNIG DER DIAMANTEN
Den Cullinan-Kristall, hier eine Nachbildung in voller Größe, fand man 1905 in der Premier-Mine in Südafrika. Mit 3106 Karat war er der größte Diamant aller Zeiten. 1908 schliff man daraus 9 große und 96 kleinere Steine. Die beiden größten, Cullinan I und II, gehören zum britischen Kronschatz (S. 46).

KORUND
Kristallsystem:
trigonal; Härte: 9;
Dichte: 3,96–4,05

Saphir: Zwillings-
kristalle

Rubin oder Saphir

Rubin und Saphir sind Spielarten des Korunds, eines Aluminiumoxids. Rote Steine heißen Rubine, blaue nennt man Saphire. Es gibt aber auch andere Farbvarianten, zum Beispiel gelbe und rosafarbene Saphire. Korund ist nach dem Diamanten das härteste Mineral, also sehr widerstandsfähig. Er besitzt einen starken Pleochroismus, das bedeutet: Die Farbe ändert sich je nach Lichteinfall, da vom eingestrahlten weißen Licht je nach Einstrahlungswinkel verschiedene Wellenlängen absorbiert werden. Die Kristalle findet man in Flusskiesen, berühmt sind die aus Birma, Kaschmir und Sri Lanka. Andere Förderländer sind Indien, Australien, die USA, Nigeria und Madagaskar.

GEHEIME QUELLE
Wunderschöne Saphire kommen aus einem Himalajatal in Kaschmir (kaschmirblau). Sie sollen 1881 nach einem Erdrutsch entdeckt worden sein.

KASCHMIRBLAU
bezeichnet nicht nur die Farbe edler Saphire, die wie diese hier aus Kaschmir stammen, sondern derartig gefärbte Saphire aus aller Welt.

Saphir, mit Turmalin verwachsen

SCHNEEWEISS MIT ROSENROT
Dieser in Kalzit eingebettete Rubin kommt aus dem Mogok-Gebiet in Birma. Rubine in Kalzit findet man auch in Pakistan und Afghanistan.

TAUBENBLUTROT
ist die Farbbezeichnung für diese tiefrote Rubinart mit Blaustich. Abgebildet ist der Ruskin-Rubin (162 Karat, Herkunftsland: Birma), den der Philosoph John Ruskin 1887 dem Naturgeschichtlichen Museum in London schenkte.

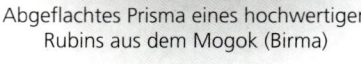

Abgeflachtes Prisma eines hochwertigen Rubins aus dem Mogok (Birma)

AUF DEM PRÜFSTAND
Dieses Foto von 1930 zeigt Rubinhändler auf dem Basar in Mogok. Korund in Edelsteinqualität ist selten und der Rubin die wertvollste Art. Teilweise sind die Steine teurer als Diamanten gleicher Größe.

DRUCKERZEUGNIS
Saphire finden sich oft mit Spinellen im Flusskies, selten in ihrem Ausgangsgestein. Dieser Saphir aus Birma ist mit Spinellkristallen verwachsen. Die Kristalle bilden sich unter hohem Druck und bei hohen Temperaturen.

STERNFUNKELN
Einschlüsse von Rutilnadeln (S. 21) lassen Sterne in manchen Rubinen aufleuchten (Asterismus). Dieser 138,7-karätige Sternrubin (*Rosser Reeves*) gehört dem Smithsonian Institut (USA).

KÖNIGLICHER KRUG
Dieser edelsteinbesetzte Wasserkrug aus Bergkristall von um 1660 wurde 1985 wiederentdeckt. In der Mitte prangt eine Rubin-Kamee mit dem Kopf Elisabeths I.

BLAUER BUDDHA
Die Buddha-Figur auf dieser Nadel ist aus einem Saphirkristall geschnitzt.

BUNTE VIELFALT
Reiner Korund ist farblos, doch Spuren von Chrom färben ihn rot, von Eisen gelb und grün, von Eisen mit Titan blau.

Zirkon

Zitrin

Saphir

Saphir

Saphir

EDLES KREUZ
Dieses Silberkreuz ist mit sechs Saphiren, einem tintenblauen Spinell, einem Amethyst, einem Zitrin und einem blauen Zirkon besetzt. Auf der Spitze thront ein weiterer Saphir.

HART WIE STEIN
Naturkorund ist kein Edelstein. Er ist opak und grau oder braun wie dieser Kristall aus Madagaskar. Aufgrund seiner Härte ist er ideal für Industriewerkzeuge und die Bearbeitung weicherer Steine.

SCHLEIFSTEIN
Mit Schmirgel, einem kleinkörnigen Gemenge aus Korund, Hämatit und Magnetit, wird im Mittelmeerraum seit Jahrtausenden geschmirgelt. Der Name leitet sich von der Stadt Smyrna (Izmir) ab. Fundort des abgebildeten Steins: Ikaria.

PFAUENTHRON
Der legendäre Pfauenthron des indischen Großmoguls Schahdschahan (1627–1658) war mit Hunderten von Edelsteinen besetzt, darunter 108 Rubinen.

Beryll

Berylle sind wegen ihrer schönen Farben und ihrer Robustheit sehr beliebt. Am bekanntesten sind die Smaragde (grün) und Aquamarine (blaugrün). Gelben Beryll nennt man Heliodor („Sonnengabe"), rosa-farbenen Morganit. Aquamarine und Heliodore waren bereits in vor-geschichtlicher Zeit bekannt. Von „Beryll" leitet sich das Wort „Brille" ab: Im Mittelalter bezeichnete man durchsichtiges Glas als Beryll. Beryll findet sich in Pegmatiten (S. 25) und Graniten. In seiner dichten, opaken und unedlen Form kommt er in tonnenschweren Kristallen vor. Den Rekord hält ein Kristall aus Mada-gaskar mit 36 Tonnen und 18 Meter Länge.

BERYLLKRISTALL
Kristallsystem: hexa-gonal; Härte: 7,5; Dichte: 2,63–2,91

ZU GAST
Smaragde findet man oft in Glimmerschiefer. Seit Anfang des 19. Jh. sind die Vorkommen im Ural bekannt. Viele Kristalle haben Einschlüsse von Glimmer und Amphibolen (S. 21), dem gleichen Mate-rial wie das Wirtsgestein.

REICHE BEUTE
Die von den kolum-bianischen Chibcha-Indianern geschürften Smaragde wurden bei den Inkas in Peru und den Azteken in Mexiko gehandelt. Anfang des 16. Jh. entdeckten sie die Spanier bei den Azteken und forschten nach der Quelle. Erst 1537 fanden sie die Chovor-Mine. Die Smaragde für den spanischen Hof stammen aus dem Schatz der Inkas.

SMARAGD UND STERBEN
Die schönsten Smaragde kommen aus Muzo und Chivor in Kolumbien. Viele werden illegal geschürft und ausgeführt, oft gibt es sogar Mord und Totschlag.

Stich von 1870: Sträflinge in den kolumbianischen Smaragdminen

DIE MINEN DER KLEOPATRA

Seit 1500 v. Chr. schürfte man in Ägypten, um das Rote Meer, Smaragde. 1816 entdeckte der französiche Abenteurer Cailliaud die Minen der Königin Kleopatra neu, doch das Schürfen lohnte sich nicht mehr. Hier ein Foto von 1900.

FEINSCHLIFF

Dieser außergewöhnlich schöne, 911-karätige, geschliffene Aquamarin ist im Besitz des Smithsonian Instituts (USA).

ZWEITE WAHL

In Ägypten gibt es einige wenige Smaragde in Granit, Schiefer und Serpentin. Sie sind meist blaugrün mit vielen Einschlüssen und nicht mit der kolumbianischen Qualität zu vergleichen.

METALLFARBEN

Reiner Beryll ist farblos. Spuren von Fremdmetallen erzeugen die prächtigen Farben. Mangan erzeugt Rot und Rosa, Eisen Blau und Gelb, Chrom oder Vanadin das herrliche Smaragdgrün.

MEERGRÜN

Aquamarin bedeutet „Meerwasser" und beschreibt genau die Farbe. Die Skala reicht von Blassgrün bis Blau, je nach Eisengehalt. Brasilien ist Hauptförderland.

Morganit

Heliodor

AUF DEM TROCKENEN

sitzt der äußerst seltene rote Beryll im trockenen Vulkangestein im Westen der USA. Als einziger Naturberyll hat er kein Wasser in seiner Kristallstruktur. Dieses Exemplar stammt aus Utah.

Turmalineinschlüsse

TODBRINGEND

Dieser Dolch aus dem 18. Jh. ist im Topkapi-Museumspalast in Istanbul zu bewundern. Drei Smaragde zieren das Heft, ein vierter den Deckel der Miniaturuhr im Knauf.

BUNT GEMISCHT

Dieser große Beryllkristall setzt sich aus Schichten von Morganit und Heliodor zusammen. Es kommt aus Brasilien, doch auch in Kalifornien, Madagaskar und Pakistan finden sich solche Zonenkristalle.

OPAL
Kristallsystem: amorph oder schwach kristallin; Härte 5,5–6,5; Dichte 1,98–2,25

Opal

Zur Römerzeit galt der Opal als Symbol der Macht, doch seither schrieb man ihm immer wieder auch unheilvolle Kräfte zu. Vor über 500 Jahren schürften die Azteken Feueropale. Auch heute kommen noch viele Opale aus Mittelamerika. Australien ist das Hauptförderland von Edelopalen (hell) und Schwarzen Opalen. Opal ist einer der wenigen nicht kristallinen Edelsteine. Er bricht und splittert bei Druck oder Temperaturschwankungen sehr leicht. Durch Cabochonschliff kommt das Farbenspiel (Opalisieren) besonders gut zur Geltung. Mexikanische Feueropale erhalten meist einen Brillant- oder Treppenschliff (S. 58).

RÖMERFUND
Schon die Römer bauten in der ehemaligen Tschechoslowakei Edelopal ab. Von dort stammt auch dieses Exemplar.

DIE PEST VON VENEDIG
stellt dieser Auszug aus einem Gemälde von Antonio Zanchi dar (14. Jh.). Die Venezianer glaubten, ein Opal leuchte beim Erkranken seines Trägers und trübe sich bei seinem Tod. Das verstärkte seinen Ruf als Unglücksbringer.

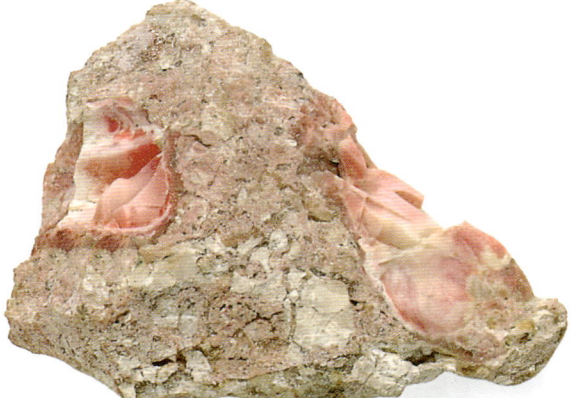

GLANZLOS
Der Gemeine Opal hat kein Farbenspiel, wird aber gern zu Schmuck verarbeitet. Dieses rosafarbene Exemplar kommt aus Frankreich.

BLITZLICHTGEWITTER
Der schönste Schwarze Opal kommt aus Lightning Ridge (Australien). Die Farbblitze wirken auf dem dunklen Hintergrund besonders reizvoll. Schwarze Opale sind seltener und damit auch wertvoller als Edelopale.

AUSTRALIENS STOLZ
Alle großen australischen Opallager befinden sich in Sedimentgesteinen. Berühmt sind die Minen von White Cliffs, Lightning Ridge und Coober Pedy. Beliebt ist die Opalverarbeitung zu Dubletten oder Tripletten (S. 56).

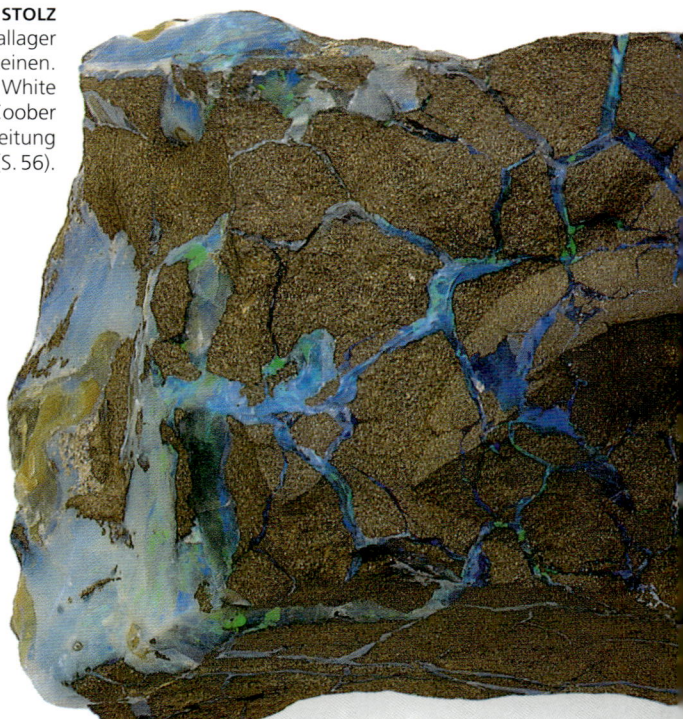

GLASKLAR
Farbloser, wasserklarer Opal (Hyalit) bildet sich in Hohlräumen vulkanischen Gesteins. Dieser stammt aus Böhmen. Ein ähnlicher Stein mit Farbenspiel heißt Wasseropal. Hydrophan ist durch Wasserverlust getrübt, erhält in Wasser aber neuen Glanz und wird wieder durchsichtig.

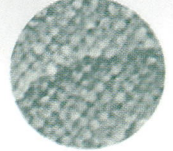

Das Foto zeigt die mikroskopische Struktur des Opals.

SCHWARZ ODER WEISS
Edelopale schillern in verschiedenen Farben, je nach Größe der Siliziumdioxidteilchen in ihrer Struktur. Opale mit grauer, blauer oder schwarzer Hintergrundfarbe nennt man schwarz, die anderen weiß.

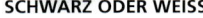

FEURIG
Mexiko ist berühmt für seine Feueropale, durchscheinende gelbe, orangefarbene oder rote Steine.

LANDKARTE
Broschen mit dem Umriß Australiens sollen die Eroberung des Weltmarkts durch den australischen Opal feiern. Diese wurde um 1875 angefertigt.

HÖHLENMENSCHEN
Die australischen Opale werden in einer sehr heißen Gegend geschürft. Wenn die Minen erschöpft sind, bieten die Stollen in der Nähe der Erdoberfläche angenehm kühlen Wohnraum.

Opal-Kamee *Amor und Psyche*
(Naturhistorisches Museum, London)

EDELFOSSIL
Opal kann Holz, Knochen oder Kalkschalen urzeitlicher Lebewesen im Lauf der Fossilwerdung ersetzen (Opalisieren). Hier wurde ein Stück Holz aus Nevada von Gemeinem und Edelopal ersetzt (Holzstein oder Holzopal).

EIN HÜBSCHER BATZEN
Bolderopal ist eine Mischung aus Ton-Eisenstein mit Schichten von Edelopal. Je höher der Eisenanteil, desto dunkler wird die braune Farbe. Aus Bolderopal lassen sich hübsche Kameen schnitzen.

Edelopal   *Gemeiner Opal*

„OPAL-ANANAS"
nennen die Australier solche Formen im Volksmund. Dieses Aggregat radialstrahliger Glauberitkristalle ist völlig durch Edelopal ersetzt worden.

ZÜGELLOS
In Verruf geriet der Opal unter Ludwig XIV. Der Sonnenkönig gab seinen Karossen den Namen von Edelsteinen. Der Kutscher von *Opal* war meist betrunken, sodass diese Kutsche vom Unglück verfolgt schien. Dieses Gemälde von van der Meulen zeigt den König mit Maria Theresia in Arras.

Andere Schmucksteine

Schön, unvergänglich und selten soll ein Schmuckstein sein – wie Diamanten, Saphire, Rubine, Smaragde, Aquamarin, Turmalin, Topas und Edelopal. Aber auch Quarz, Granat, Peridot und viele andere Steine findet man beim Juwelier. Kunzit, Titanit und Flussspat sind zu weich oder zu selten. Sie werden nur als Liebhaberstücke geschliffen.

WUNDERSTEINE
„Perlenfischen und Türkissammeln" aus dem *Buch der Wunder* von Marco Polo

Topas

Das Mineral, das wir als Topas kennen, trägt diesen Namen erst seit dem 18. Jh. Der Name leitet sich vom griechischen *topazos* ab, dem antiken Namen der Insel Seberget im Roten Meer. Dort findet man allerdings Peridot, einen anderen Edelstein.

TOPASKRISTALL
Kristallsystem: orthorhombisch; Härte: 8; Dichte: 3,52–3,56

BERÜHMT
für seine schönen Topase ist Brasilien. Von dort kommt dieser blassblaue Kristall. Andere Förderländer sind u. a. Mexiko, die USA, Sri Lanka und Japan. Die Schmucktopase August des Starken, die im Grünen Gewölbe in Dresden zu sehen sind, stammen aus dem Vogtland.

Spaltfläche

VOM FEINSTEN
Aus dem Ouro-Preto-Gebiet in Brasilien stammen die schönsten goldenen Topaskristalle. Die keilförmigen Prismen sind typisch. Die Farbskala kann von Goldbraun bis Rosa reichen.

SCHUTZBEDÜRFTIG
Topas ist trotz seiner Härte leicht zerbrechlich, da er eine Spaltungsrichtung mit vollkommenem Bruch hat (S. 15). Dieser Kristall zeigt deutlich eine Spaltfläche. Bei der Schmuckverarbeitung ist daher auf eine stoßunempfindliche Fassung zu achten.

WAS BIN ICH?
„Kiesel in einem Bachgeriesel" sind nicht immer das, was ihr Aussehen verspricht. Topase haben eine ähnliche Dichte wie Diamanten und werden oft mit ihnen verwechselt.

WASSERFARBEN
Topas ist ein Aluminiumsilikat mit 20 % Wasser und Fluor. Kristalle mit höherem Wasser- als Fluoranteil sind goldbraun, seltener rosafarben. Im umgekehrten Fall sind die Kristalle blau oder farblos.

„BRASILIANISCHE PRINZESSIN"
heißt dieser 1977 geschliffene, 21 327-karätige Topas. Der bislang größte geschliffene Stein hat 36 853 Karat.

Turmalin

Turmaline kristallisieren als Prisma mit flachen oder keilförmigen Endungen. Jeder Kristall hat an jedem Ende eine andere Struktur, manchmal unterscheiden sie sich in der Farbe. Erwärmt man einen Kristall, lädt sich das eine Ende positiv, das andere negativ auf. Das macht den Turmalin zu einem richtigen Staubfänger.

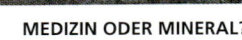

TURMALIN-KRISTALL
Kristallsystem: trigonal; Härte: 7–7,5; Dichte: 3–3,25

DASSELBE IN GRÜN
Der Turmalin zeigt Pleochroismus (S. 40), er zeigt beim Betrachten aus unterschiedlichem Winkel verschiedene Farben. Auf dem Bild erkennt man die Farben Grün und Schwarz.

MEDIZIN ODER MINERAL?
Der viktorianische Philosoph John Ruskin (hier auf einem Foto von 1885) schrieb: „Die Chemie des Turmalins mutet eher an wie ein Arztrezept aus dem Mittelalter als die Formel eines Minerals!"

SECHSECKRAHMEN
Dieser Querschnitt durch ein Turmalinprisma zeigt die typische dreizählige Symmetrie und Dreiecksform. Die Farbzonen verdeutlichen, wie sich der Kristall schichtweise aufgebaut hat, jede Schicht stammt aus einer anderen Kristallisationsphase. Die Schlussphase bildete hier einen hexagonalen „Rahmen".

Die Ringe in manchen Kristallen gleichen Jahresringen in Bäumen.

Turmalinkristall

ENGE NACHBARSCHAFT
Diese Verbindung von Turmalin und Quarz ist ungewöhnlich. Das rosafarbene Prisma kristallisierte zuerst, dann bildete der Turmalin grüne Begrenzungen.

GRANITBETT
In Pegmatitadern (S. 25) oder Granit findet man oft Turmalin in Edelsteinqualität, so in Brasilien, in Russland, den USA, Ostafrika und Afghanistan.

Die Farben dieses Turmalins erinnern an eine Wassermelone.

EDLE MELONE
Die Farbpalette der Turmaline ist breiter als die aller anderen Edelsteine. Hier sieht man eine „Wassermelone" mit rosa Kernen und grünen Randzonen.

Turmalinkristall

43

Fortsetzung auf Seite 44

Fortsetzung von Seite 43

GRANATKRISTALLE
Kristallsystem:
kubisch; Härte:
6,5–7,5; Dichte:
3,52–4,32

Ring mit
gefasstem Granat

Granat

Granat ist die Sammelbezeichnung für eine Reihe chemisch verwandter Mineralien wie Almandin, Pyrop, Spessartin, Grossular und Andradit. Alle kommen als Edelsteine vor, besonders oft die Almandin-Pyrop-Gruppe. Hauptlieferanten sind die ehemalige Tschechoslowakei, Südafrika, die USA, Australien, Brasilien und Sri Lanka. Granate gibt es aufgrund ihrer unterschiedlichen chemischen Zusammensetzung in allen Farben – außer Blau.

Geschliffener
Demantoid-
Granat

Geschliffener
Pyrop-Granat

DEMANTOID
Smaragdgrün ist der kostbarste Granat. Die schönsten Steine kommen aus dem Uralgebirge.

FEUERAUGE
Der tiefrote Pyrop war im 19. Jh. beliebt. Die meisten Steine kamen aus Böhmen.

Spessartin-
Cabochon

KERNIG
Pomum granatum nannten die Römer den Granatapfel, „gekörntes Obst". Die Edelsteine der Almandin-Pyrop-Gruppe haben die gleiche Farbe.

SPESSARTIN
Mangan färbt Spessartinkristalle orange. Spessartin findet man selten in Edelsteinqualität und daher auch nur selten als Schmuck.

KARFUNKELSTEIN
Almandin kristallisiert meist in Ikositetraedern (Zwanzigflächnern). Bevorzugt wird hier der Cabochonschliff mit geschlägelter (ausgehöhlter) Unterseite zur Aufhellung der sehr dunklen Farbe.

ANDRADIT
Andradit kommt selten in Edelsteinqualität vor. Ausnahmen sind der grüne Demantoid, der gelbe Topazolith und dieser schwarze Melanit, früher beliebt als Schmuck bei Trauerfällen.

VERSUNKENE SCHÄTZE
Bei Sutton Hoo im englischen Suffolk fand man in einem angelsächsischen Begräbnisschiff (7. Jh.) viele granatbesetzte Stücke, darunter diesen Börsendeckel. Seine Qualität lässt auf einen Besitzer von hohem Rang schließen.

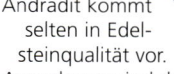

Geschliffene Grossulargranate

STACHELBEERE
heißt lateinisch *ribes grossularia*. Davon leitet sich der Name Grossular ab. Dieser rosafarbene Stein aus Mexiko zeigt die Dodekaederform, die häufigste Kristallgestalt der Granate.

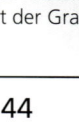

FARBSPUREN
Spuren von Vanadin geben dem Grossular eine leuchtend grüne, Eisen eine gelbe oder rote Farbe. Die rote Abart ist auch als Hessonit bekannt.

PERIDOTKRISTALL
Kristallsystem:
orthorhombisch;
Härte: 6,5; Dichte
3,22–3,40

Peridot

Peridot nennt man Olivinminerale in Edelsteinqualität. Olivin ist ein Magnesium- und Eisensilikat, das häufig in vulkanischem Gestein vorkommt.

Stein mit hohem Olivingehalt

Lava

Geschliffener Peridot aus Arizona

Geschliffener Peridot aus Birma

Geschliffener Peridot aus Norwegen

INSULANER
Peridot verwächst meist mit anderen Mineralien. Die Insel Seberget im Roten Meer ist einer der wenigen Orte, wo man den grünen Stein als Idealkristall findet.

Peridotring

PERIDOTLIEFERANTEN
Die größten Peridote kommen von der St.-Johannes-Insel (Ägypten) und aus Birma, schöne Steine liefern aber auch Arizona, Hawaii und Norwegen.

VULKANBOMBE
Dieses Stück erstarrter Lava enthält Bruchstücke olivinhaltigen Gesteins. Die Lava wurde mit dem Gestein als sogenannte „Bombe" durch einen Vulkan aus der Tiefe emporgeschleudert.

NAMENSWECHSEL
Seit uralten Zeiten gibt es auf der St.-Johannes-Insel (Ägypten) Peridotminen. Die Griechen der Antike nannten diesen Stein *topazion* nach dem damaligen Namen der Insel, Topazos (S. 42).

SONNENSTEIN
verdankt seinen Namen den glitzernden und schillernden eingelagerten dunkelroten Hämatitschüppchen.

Sonne und Mond – passende Namen für diese Steine

Mondstein

Mondstein ist der bekannteste Kalifeldspat, Edelsteinqualität ist aber selten. Beim Feldspat gibt es zwei Hauptgruppen: Kalifeldspat mit den Mondsteinen und Kalknatronfeldspat mit den Sonnensteinen. Die Härte beträgt 6–6,5, die Dichte 2,56–2,76.

BLAUER MOND
Silbrig oder bläulich schimmern die meisten Mondsteine, auch stahlgraue, rosaorangefarbene, gelbe oder blassgrüne Abarten kommen vor. Die grauen Steine weisen oft schöne Katzenaugen auf (S. 59).

Nadel mit Sonnenstein

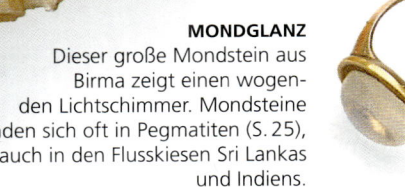

MONDGLANZ
Dieser große Mondstein aus Birma zeigt einen wogenden Lichtschimmer. Mondsteine finden sich oft in Pegmatiten (S. 25), auch in den Flusskiesen Sri Lankas und Indiens.

Gefasster Mondstein

45

Fortsetzung auf Seite 46

Spinell

Die schönen roten und blauen Spinelle nehmen es durchaus mit Rubinen und Saphiren auf. Bis ins 19. Jh. nannte man sie Balasrubine, was zu Verwechslungen führte. Der Forscher Romé de l'Isle (S. 12) unterschied als Erster zwischen dem echten Rubin und dem Spinell. Balas leitet sich vielleicht vom Ortsnamen Balascia (heute Badakhschan, Afghanistan) ab.

FÜRSTLICHE BELOHNUNG
Der Schwarze Prinz, Sohn Eduards III. von England, half dem Kastilierkönig Pedro dem Grausamen 1367 in einer Schlacht. Zum Dank erhielt er einen Balasrubin, also einen Spinell, der jetzt die englische Krone ziert.

SPINELLKRISTALL
Kristallsystem: kubisch;
Härte: 8; Dichte:
3,5–3,7

LEICHT VERZERRT
In der Regel kristallisieren Spinelle als Oktaeder. Dieses Aggregat besteht aus flachen, kleinen Durchkreuzungszwillingen, die Spinellkristalle wachsen parallel in verzerrten Achtflächnern.

POLIERT
Durch Polieren wurden Makel auf der Oberfläche beseitigt, die ursprüngliche Oktaederform blieb erhalten.

„Rubin" des Schwarzen Prinzen

Der Cullinan-II-Diamant

UMGESTALTUNG
Die Oktaeder dieses blauen Spinells vom Baikalsee liegen eingebettet in eine Grundmasse weißen Kalzits und glänzenden Muskovitglimmers. Vermutlich war dies ursprünglich ein verunreinigter Kalkstein, der sich unter Druck und bei mäßiger Temperatur völlig veränderte, d. h. neu kristallisierte.

STAATSTRAGEND
Der „Rubin" des Schwarzen Prinzen in der britischen Reichskrone ist ein 170-karätiger Spinell, ein Balasrubin. Unter ihm prangt ein anderer berühmter Stein, der Diamant Cullinan II (S. 35). Bei dem Timur-Rubin Königin Elisabeths II. handelt es sich auch um einen Spinell.

FAST UNBERÜHRT
Diese Steinchen stammen aus Flusskiesen von Sri Lanka und Birma. Sie sehen nicht sehr abgenutzt aus – ein Zeichen, dass sie keine weite Reise hinter sich haben.

DORNENREICH
Diese herrlichen Kristalloktaeder aus Bodenmais im Bayrischen Wald sind aus Gahnit, einer zinkreichen Spinellart. Sie weisen die charakteristischen Dreieckskristallflächen des Spinells auf. Der Name Spinell leitet sich wahrscheinlich vom lateinischen *spina* (für „Dorn") ab.

GLITZERN, BLITZEN, FUNKELN
Reiner Spinell ist farblos. Die wunderbaren Rot- und Rosatöne sind auf Spuren von Chrom in den Kristallen zurückzuführen. Eisen- und Zinkanteile rufen Blau- und Grüntöne hervor.

Zirkon

Der Name Zirkon kommt vom persischen *zar* („gold")
und *gun* („Farbe"). Seit 2000 Jahren gewinnt man
Zirkone in Sri Lanka, heute auch in Thailand, Austra-
lien und Brasilien. Farbloser Zirkon ähnelt dem Dia-
manten mit seinem lebhaften Feuer und intensiven
Glanz und wird als Diamantersatz gehandelt (S. 57).
Zirkon ist jedoch weicher und wirkt aufgrund von
Einschlüssen und Doppelbrechung „matt" (S. 19).

Die Farbe roter Hyazinthen gab
dem roten Zirkon früher den
Namen Hyazinth.

NATURFARBEN
Zirkon ist ein Zirkonium-
silikat, farblos in reinem
Zustand, doch mit Ver-
unreinigungen in vielen
Farben anzutreffen.

ZIRKONKRISTALL
Kristallsystem:
tetragonal; Härte:
7,5; Dichte 4,6–4,7

RADIOAKTIV
Dieser ungewöhnlich
große Zirkon aus
Sri Lanka besitzt
die typische Farbe.
Der hohe Uran- und
Thoriumgehalt
mancher Zirkone
führt aufgrund des
radioaktiven Zerfalls
dieser Elemente
zur Zerstörung der
Kristallstruktur und
macht den Stein
amorph oder nicht
kristallin.

WÄRMEBEHANDLUNG
Farblose, blaue und
goldene Zirkone erhält
man durch Erhitzen rot-
brauner Kristalle. Beim
Erhitzen ohne Sauer-
stoff erhält man blaue,
mit Sauerstoff goldene
Zirkone, in beiden
Fällen aber auch
farblose Steine.
Die Farben können
verblassen, durch
erneute Erwärmung
werden sie wieder
aufgefrischt.

Naturbraune
Zirkonkristalle

Wärmebehandelte
blaue Zirkonkristalle

Zirkone, nach Wärmebehandlung
geschliffen

Chrysoberyll

Steinhart, aber weniger hart
als Diamant und Korund ist
der Chrysoberyll. Eisen- oder
Chrombeimengungen färben
ihn gelb, grün oder braun. Es
gibt drei Abarten: gelbgrüne
klare Steine, Cymophane
oder Katzenaugen (meist im
Cabochonschliff, S. 59) und
Alexandrite, die je nach Lichteinfall ihre Farbe verändern.
Sri Lanka und Brasilien liefern
alle drei Arten. Die schönsten
Alexandrite kommen aus
Russland.

ZARENSTEIN
1830 entdeckte man den
Alexandriten im Ural, am
Geburtstag des Zaren, nach
dem er benannt wurde. Er
leuchtet in den kaiserlich-
russischen Farben – bei
Tageslicht tiefgrün, bei
künstlichem Licht rot.

Geschliffener gelber
Chrysoberyll

Geschliffener
Alexandrit

POPULÄR IN PORTUGAL
Gelbgrüne Chrysoberylle fand man
im 18. Jh. in Brasilien. Sie waren bei
den Goldschmieden Spaniens und
Portugals sehr beliebt.

CHRYSOBERYLLKRISTALL
Kristallsystem: ortho-
rhombisch; Härte: 8,5;
Dichte: 3,68–3,78

Objekte der Begierde

Bei über 3000 verschiedenen Mineralien sollte man meinen, dass es Schmucksteine in Hülle und Fülle gibt. Doch nur wenige dieser Mineralien sind hart, dauerhaft und selten genug, sodass nur wenige Dutzend als Edelsteine gelten. Viele Sammler suchen Raritäten, die keinem breiten Publikum zugänglich sind. Dabei legen sie Wert auf seltene Farben, ungewöhnlich große Exemplare oder geschliffene Stücke, die zur Schmuckverarbeitung zu weich und zerbrechlich sind. Zinkblende und Titanit sind z. B. relativ häufig, für den ständigen Gebrauch aber zu weich. Benitoit ist zwar dauerhaft, für den Durchschnittsbürger aber unerschwinglich.

AXINIT
Diese schönen, keilförmigen Kristalle aus braunem Axinit kommen aus Bourg d'Oisans in Frankreich. Sie funkeln in verschiedenen Richtungen grau und violett. Einst waren sie äußerst rar, doch man gewinnt sie zunehmend aus Gruben in Sri Lanka.

OB GOLD, OB BRAUN
Beim Titanit (Sphen) reicht die Farbskala von Goldgelb bis Smaragdgrün. Er besitzt Glanz und Feuer, ist aber für einen Schmuckstein zu weich. Die schönsten Steine kommen aus den Alpen, Birma und Kalifornien.

VOM GARTEN INS MUSEUM
Die ersten Stücke der großen Mineraliensammlung des Pariser Naturkundemuseums (hier ein Stich von 1636) wurden in der Apotheke und den botanischen Gärten Ludwigs XIII. zusammengetragen.

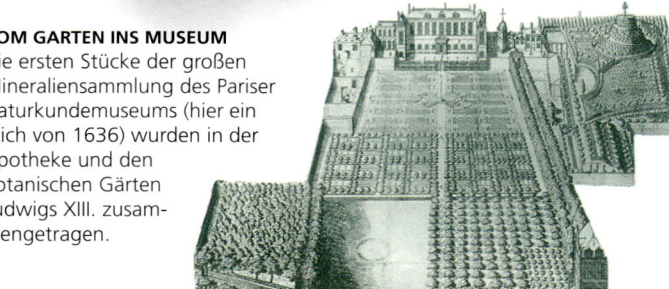

EXPERTEN
Strahler nennt man in der Schweiz Bergsteiger, die in den Alpen Kristalle suchen. Sie müssen sowohl gute Mineralogen als auch erfahrene Bergsteiger sein, um in Klüften und Schluchten Edelsteine zu finden.

TANSANIT
 heißt diese blauviolette Art des Zoisits. 1967 fand man ihn in Tansania. Bemerkenswert sind sein tiefblauer, magentaroter und gelblichgrauer Glanz. Viele Kristalle sind grüngrau und erhalten durch Erhitzung ein attraktives Blau.

DANBURIT
Dieses Mineral ist nach seinem ersten Fundort benannt: Danbury in den USA. Dort trat es in farblosen Kristallen in einem Pegmatit (S. 25) auf. Schöne gelbe Steine kommen aus Madagaskar und Birma, andere farblose Abarten aus Japan und Mexiko.

CORDIERIT
Cordierit in Edelsteinqualität kommt aus Sri Lanka, Birma, Madagaskar und Indien. Cordierit verändert seine Farbe je nach Lichteinfall von blassem, gelblichem Grau bis zu tiefem Blauviolett (Pleochroismus, S. 36). Das nutzten die Wikinger beim Navigieren ihrer Großboote (S. 60), was den Kristallen den Beinamen „Wassersaphire" einbrachte.

Aragonit

BENITOIT
Die Farbe der Benitoitkristalle gleicht der lupenreiner Saphire. Sie zeigen ähnliches Feuer wie Diamanten, bleiben aber Sammlerobjekte aufgrund ihres Seltenheitswerts. Der einzige Fundort ist San Benito County (USA), nach welchem sie benannt sind.

Die San-Benito-Mine 1914: Links ist ein Erzeimer zu sehen.

NICHT TRAGBAR
Zinkblende oder Sphalerit ist normalerweise opak und grau bis schwarz. Rötlichbraune, gelbe und grüne Kristalle in Edelsteinqualität kommen aus Mexiko und Spanien. Trotz der schönen Farben werden sie nicht zu Schmuckzwecken verwendet, da sie zu weich sind.

Zinkblendekristalle in Grundmasse (Matrix)

Roher Zinkblendekristall

Kunzitkristall

Geschliffener blassgrüner Spodumen

Geschliffener Kunzit

SPODUMEN
Aus Brasilien, Kalifornien und Afghanistan kommen prachtvolle Spodumenkristalle, schöne blassgrüne oder gelbe Steine, die viele Hundert Karat wiegen. Der Kunzit (nach G. F. Kunz benannt) ist rosa. Kleine Kristalle der samaragdgrünen Abart Hiddenit gibt es in North Carolina (USA) und in Sri Lanka.

SCHATZHÖHLE
Die unterirdische Goldney-Grotte wurde von 1737 bis 1764 bei Bristol gebaut. Edelsteine, Korallen und andere Kostbarkeiten schmücken Wände und Säulen.

SKAPOLITH
Birma und Ostafrika sind die Heimat dieser pastellfarbenen Steine in Gold, Rosa, Lila, z. T. mit Katzenaugeneffekt (S. 33).

ALTER CEYLONESE
Ursprünglich als Peridot aus Sri Lanka gehandelt, erwies sich Sinhalit 1950 als eigene Art. Das Britische Museum taufte ihn nach Sinhala, dem alten Namen für Sri Lanka.

FIBROLITH
Dieser bläulich violette 19,84-karätige Fibrolith aus Birma ist eine seltene Abart des Sillimanits und eines der größten Exemplare. Andalusit besteht ebenfalls aus Aluminiumsilikat, hat aber eine andere Struktur. Die Steine verändern die Farbe je nach Lichteinfall zwischen Rot und Grün. Herrliche Stücke kommen aus Brasilien und Sri Lanka.

Geschliffener Fibrolith

Geschliffener Andalusit

George Frederick Kunz, Autor mehrerer Edelsteinbücher, war Angestellter des New Yorker Juweliers Tiffany.

49

Steinschneidekunst

Seit vielen tausend Jahren werden Jade, Lapislazuli, Türkis und viele andere geeignete mikrokristalline Steine und Mineralien zu Schmuck verarbeitet. Schon die alten Ägypter, Chinesen und Sumerer verarbeiteten diese drei Edelsteine. Die Indianer Südamerikas und die Maoris Neuseelands schneiden schon seit Jahrhunderten Türkis und Jade.

LANGE TRADITION
Im Südwesten der USA fertigen die Indianer schon seit vielen Tausend Jahren Türkisschmuck.

MALACHIT
Obwohl das grüne, seidenmatte Kupfermineral relativ weich ist (Härte 4), wird Malachit v. a. wegen seiner meist nierenförmigen Bänderung gern zu Schmuck verarbeitet. Hauptlieferanten sind der Kongo, Sambia, Australien und Russland.

Türkis

Der Name Türkis leitet sich vom französischen *pierre turquoise* (= Türkenstein) ab, da man ihn früher vorwiegend über die Türkei aus Persien bezog. Türkis (D 2,6–2,9; H 5–6) kommt in Klümpchen und grünen oder blauen Adern vor. Kupferbeimengungen färben ihn blau, Eisen grün.

Weißer Kalzit

Lapislazuli

Der Lapislazuli (H 5,5; D 2,7–2,9) taucht selten als Einkristall auf. Er besteht aus blauem Lasurit mit Kalzit- und Pyritanteilen. Die tiefblaue, vorwiegend aus Lasurit bestehende Abart kommt schon seit 5000 Jahren aus Afghanistan und ist am kostbarsten. Andere Quellen sind Russland und Chile.

PERSISCHBLAU
Der Name Lapislazuli leitet sich vom lateinischen *lapis* („Stein") und dem persischen *lazward* („blau") ab. Das Blau entsteht durch Schwefel, einen wesentlichen Bestandteil des Minerals.

NATURMOSAIK
Türkis bildet oft Mosaike, seltener taucht er als Aggregat auf. Der schönste blaue Türkis kommt aus Persien (Iran). Dort bearbeitet man ihn seit rund 6000 Jahren.

BELIEBT
Lapislazuli wird gern zu Perlen verarbeitet.

Türkis mit Gravur und Goldeinlegearbeit

BLAU IN BLAU
Im Mittelalter gewann man aus zerstoßenem, gereinigtem Lapislazuli den Farbstoff Ultramarin. Auch der Künstler des Wilton Diptychons (hier ein Ausschnitt aus dem Altarbild, Nationalgalerie, London) benutzte diese Farbe.

TOTENKOPFMASKE
Die Azteken modellierten diese Maske um einen Menschenschädel. Sie besteht aus Türkis und Guajakholz. Vermutlich stellt sie den Gott Tezcatlipoca dar.

Jade

Die spanischen Eroberer in Mexiko glaubten mit den grünen Steinen der Indianer Nierenleiden heilen zu können. Sie nannten sie *piedras de ijada*, „Stein (gegen Schmerzen in) der Seite". Daraus entstand der Name Jade. In Europa bezeichnete man damit ähnliches Material aus China. 1863 stellte sich heraus, dass es sich um zwei verschiedene Mineralien handelt, Jadeit und Nephrit.

IM KETTENHEMD
aus Jadeplättchen bestatteten die alten Chinesen ihre toten Herrscher. Sie glaubten, Jade spende Leben und verhindere den Zerfall. Dieses Gewand gehörte einer Prinzessin aus dem 2. Jh. v. Chr. Die Plättchen sind durch Gold verbunden.

FARBE BEKENNEN
Birma ist Hauptlieferant für Jadeit (H 6,5–7; D 3,3–3,5). Wegen der unterschiedlichen Farben schneidet man zum Verkauf angebotene Stücke an, damit der Kunde die Farbe erkennen kann. Am kostbarsten ist die smaragdgrüne kaiserliche Jade.

Jadeitkugel

Nephritschnecke des berühmten russischen Juweliers Fabergé

NEPHRIT
Nephrit (H 6,5; D 2,9–3,1) verdankt seine Zähigkeit der verfilzten Körnchenstruktur. Der „Grünstein" der Maoris von Neuseeland ist ein Nephrit.

DURCHS NADELÖHR
Dieses Nephritkamel kommt aus China. Weiße und cremefarbene Nephrite enthalten kaum Eisen. Höherer Eisengehalt färbt die Steine aus Russland, Kanada und Neuseeland spinatgrün, die südaustralische Jade schwarz.

ROSENROT
leuchtet der Rhodonit (von griech. *rhodon* für „Rose") wegen seines Mangangehalts. Er wird gern für Schnitzereien und Einlegearbeiten (H 6) verwendet. Herkunftsländer sind Russland, Kanada und Australien.

Andere Steine

Auch viele andere Steine verwendet man wegen ihrer Farbbrillanz gern zum Schnitzen, so etwa Malachit, Serpentin, Blue John, Rhodonit, Marmor und Alabaster.

SERPENTIN
Die Maserung erinnert an Schlangenhaut. Weiche Serpentine lassen sich leicht schneiden, doch chinesische Künstler bevorzugen die gelbgrüne Abart Bowenit (H 6).

BLUE JOHN
nennt sich ein violett und blassgelb gebänderter Fluorit (S. 17) aus Derbyshire, England. Das spröde Material wird meist in Harz eingebunden und damit geschmeidiger und widerstandsfähiger.

Blue-John-Vase (18. Jh)

Edelmetalle

Gold, Silber und Platin sind kristallin, größere Einzelkristalle findet man allerdings selten. Gold und Silber werden seit über 5000 Jahren verarbeitet. Platin entdeckte man 1735 als weißes Metall bei den Chibcha-Indianern in Kolumbien. Heute ist es kostbarer als Gold und Silber. Alle drei Metalle sind relativ weich und lassen sich daher leicht bearbeiten. Sie sind nahezu unverwüstlich und besitzen eine hohe Dichte, das heißt sie sind sehr schwer.

GOLDRAUSCH
Der Drang nach Gold trieb Menschen in die unwirtlichsten Eis- und Sandwüsten. 1848 brach das Goldfieber in Kalifornien aus. Das Bild zeigt Goldwäscher (S. 25) bei der Arbeit.

SEIFENGOLD
Durch Verwitterung gelangt Gold aus dem Gestein in die Flusssande. Solcher Goldstaub lässt sich dann aus Sand und Kies auswaschen.

Gold

Gold ist der Maßstab für Reichtum. Reines Gold ist ein schweres (D 19,3), aber weiches Metall (H 2,5–3). Vor dem Schmieden wird es geläutert oder mit anderen Metallen legiert, damit es härter wird. Die Reinheit des Golds für Schmuck misst man in Karat: Reines Gold hat 24 Karat.

GOLDFÜLLUNG
Größere Goldmengen findet man in hydrothermalen Adern in Verbindung mit Quarz. Diese Quarzader aus Neuseeland wird von einer hauchdünnen Schicht kristallinen Golds durchzogen.

DER LATROBE-NUGGET
Dieses wunderschöne kristalline Nugget („Goldklumpen") fand man 1855 in Gegenwart des Namensgebers Latrobe, der damals Provinzgouverneur in Victoria (Australien) war. Große Nuggets sind selten.

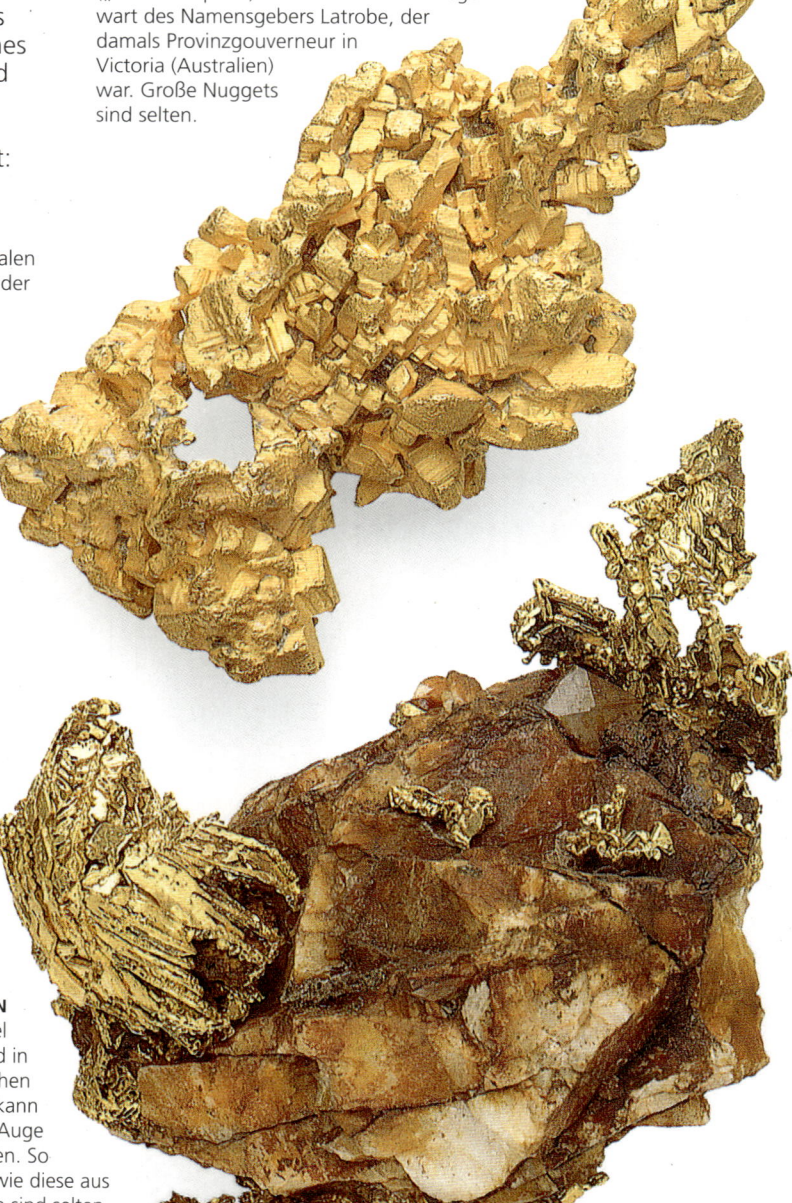

GOLDWERT
Der berühmte Goldene Buddha von Bangkok besteht aus 5,5 t purem Gold. Er ist fast 50 Mio. Euro wert und damit das wertvollste Kultobjekt der Welt.

GOLDKÜSTE
nannte man früher Ghana. Von 1700 bis 1900 erstreckte sich hier das mächtige Reich der Aschanti mit reichen Goldvorkommen. Währung für den Binnenhandel war Goldstaub. Dieser Löwenring stammt aus dem Aschanti-Reich.

SELTEN
In der Regel findet man Gold in fein verteilten Körnchen im Gestein, oft kann man es mit bloßem Auge gar nicht erkennen. So große Kristalle wie diese aus Simbabwe sind selten.

Platin

Man benutzt Platin als Standardgewicht, als Katalysator, für Operationsbestecke und natürlich für Schmuck. Der Name leitet sich vom spanischen *platina* (für „Silberkörnchen") ab. Platin wird in Form kleiner Klümpchen oder Körnchen aus Ablagerungsgestein ausgewaschen – im Ural, in Kanada und Südafrika. Meist ist der Platingehalt im Gestein gering.

KRISTALLE
des weichen Platins (H 4–4,5) sind selten. Diese würfeligen Kristalle sind aus Sierra Leone.

PLATINRIFF
Dieses Pyroxenit stammt vom Merensky-Riff vor Südafrika, aus einer nur 30 cm dicken Schicht vulkanischen Gesteins mit ungewöhnlich hohem Platingehalt.

PLATINKRONE
Die Krone der englischen Königinmutter besteht aus Platin. Sie ist Teil der britischen Kronjuwelen.

SELTENE GRÖSSE
Mit 1,1 kg ist dieses Platinnugget aus dem Uralgebirge außergewöhnlich groß.

IM MITTELALTER
waren die elsässischen Minen um Sainte Marie besonders ertragreich. Auf dieser Illustration aus einem alten Buch holen Bergleute Silbererz aus einer Mine.

Silber

Silber war im Mittelalter kostbarer als Gold. Es wurde zur Münzprägung bevorzugt und wegen seiner geringen Härte (2,5–3) gern zu Schmuck verarbeitet. Heute findet metallisches Silber Verwendung in der Elektronik, als Tafelsilber und Schmuck sowie in der Fotoindustrie (S. 63). Kristalle sind selten, kommen aber manchmal als Würfel vor.

ANGELAUFEN
sind diese Silberkristall-Dendriten (S. 23) aus den Huantajaya-Minen in Chile.

SILBERDRAHT
Diese drahtartigen dicken Silberkristalle mit den weißen Quarz- und Kalzitkristallen stammen aus den berühmten Silberlagern von Kongsberg (Norwegen).

ZUGABE
Silber ist meist ein Nebenprodukt bei der Verhüttung von Kupfer und Bleiglanz. Diese schönen Bleiglanzkristalle kommen aus den Silberminen von Tipperary in Irland.

Von Tieren und Pflanzen

Schmuckmaterial tierischen oder pflanzlichen Ursprungs wie Bernstein, Jett oder Gagat (eine Steinkohlenart), Korallen, Perlen, Muschelschalen und Schneckengehäuse nennt man organisch. Diese Materialien sind nicht so hart (bis H 4) und schwer (Bernstein: D 1,04; Perlen: D 2,73) wie Edelsteine, werden aber wegen ihrer Schönheit seit Jahrtausenden geschätzt. Bernsteinketten fand man in Gräbern aus der Zeit um 2000 v. Chr. Perlen gelten als Symbole der Schönheit und Reinheit. Julius Cäsar soll für eine einzige Perle den Gegenwert von 225 000 Euro bezahlt haben.

URZEITZEUGEN
Im Jura, vor 160 Mio. Jahren, lebten die Dinosaurier unter diesen Bäumen, aus denen Bernstein und Jett hervorgingen.

Jett und Bernstein

In Jahrmillionen entwickelte sich Jett, ähnlich wie Kohle aus verrotteten, zusammengepressten Bäumen zu einem feinkörnigen, schwarzen Stein. Bernstein ist fossiles Harz von Nadelbäumen der Kreidezeit (vor 300 Mio. Jahren).

GAGAT
Die Versteinerungen längst ausgestorbener Tiere verraten die Herkunft dieses Jetts. Anders als Kohle ist Jett (Gagat) hart und zäh und lässt sich polieren.

Fossiler Ammonit

WEIT GEREIST
Die Süd- und Ostküste der Ostsee sind die Hauptfundstellen von Bernstein. Wegen seiner geringen Dichte wird Bernstein vom Meer weit verdriftet, wie dieses Stück von der englischen Ostküste.

Korallen

Korallen sind Kalkskelette, gebildet von Kolonien von Hohltieren, die in warmen Gewässern leben. Unterschiedliche Wachstumsbedingungen und organische Bestandteile bedingen die Farbpalette von Schwarz über Blau und Creme bis Rot.

Affe auf einem Ast, aus einer Mittelmeerkoralle geschnitzt

Eine tropische Koralle

ALTE WERTE
Schon bei den alten Römern galt die Rote Edelkoralle (*Corallium rubrum*) aus dem Mittelmeer als wertvoll.

BLAUE PERLEN
Die blaue Koralle *Heliopora caerulea* wächst in den Meeren um die Philippinen. Sie wird gern zu Perlen verarbeitet.

Perlen und Perlmutt

Die Brechung des einfallenden Lichts an den winzigen Kalk- (Kalziumkarbonat-) und Perlmuttplättchen (Conchyn) verursacht den Glanz und Schimmer der Perlen. Perlen wachsen in manchen Muscheln, wenn ein Fremdkörper, z. B. ein Sandkorn, zwischen die Schalen gelangt. Die Muschel überzieht den Eindringling mit Perlmutt.

AUSTERNFISCHER
Seit über 2000 Jahren liefert der Persische Golf herrliche Naturperlen. Taucher holten die Austern (*Pinctada vulgaris*) aus der Tiefe. Heute werden Perlen „gezüchtet". Man „impft" Muscheln mit einem Fremdkörper und hält sie bis zur „Perlenernte" in Käfigen.

FARBENVIELFALT
Schwarz, goldgelb, rosa- oder cremefarben und weiß können Perlen sein.

TRADITION
Seit Jahrhunderten werden in Mumbai (Bombay) Perlen verarbeitet. Für diesen typischen Perlenschmuck werden gleich große Perlen auf Seidenfäden gezogen und die Stränge verknüpft. Den Abschluss bilden Silberdrahtquasten.

RIESENPERLE
Die besten Perlen liefern Austern und Perlmuscheln. Die größte Art, *Pinctada maxima*, lebt in den Gewässern um Australien und Indonesien.

Perlmutt

Irisierendes Perlmutt

CANNING-JUWEL
Unregelmäßig geformte Perlen heißen Barockperlen. Diese Tritonsfigur enthält vier davon. Der Anhänger wurde Ende des 16. Jh. in Süddeutschland angefertigt und befindet sich heute im Besitz des Victoria & Albert Museums in London.

GLANZOHR
Eine besonders hübsche, blau und grün schillernde Perlmuttschicht haben die Seeohren (*Haliotis*). Besonders große Arten dieser Schnecken findet man in den Meeren vor Amerika und Neuseeland.

Barockperle

Pillendöschen mit Seeohr-Deckel

Angebot und Nachfrage

KOSTENPUNKT?
Der Wert von Edelsteinen schwankt erheblich, je nach Farbe, Klarheit und Schliff. Dieser 57,26-karätige Saphir ist so groß und farbschön, dass er erst beim Verkauf geschätzt wird.

Der Marktwert von Edelsteinen spielt eine große Rolle bei der Kaufentscheidung. Die Mode ändert sich. Kostbare Steine aus dem letzten Jahrhundert können heute wertlos sein oder umgekehrt. In der Antike waren Lapislazuli, Türkis, Achat und Smaragd hoch geschätzt. Vom 5. bis zum 17. Jahrhundert n. Chr. schliff man Edelsteine meist nicht, um ihre magischen Kräfte zu erhalten. Seitdem aber setzte sich das Schleifen immer mehr durch, da erst bearbeitete Steine sich in ihrer ganzen Pracht entfalten. Seit dem Mittelalter erfreuen sich Diamant, Rubin, Perlen, Samaragd und Saphir gleichbleibender Beliebtheit, während das Interesse an Topas, Granat und Aquamarin wechselte.

HÄNDLER
Im 17. Jh. bereiste der Franzose Jean Baptiste Tavernier Europa und Asien und handelte mit Edelsteinen. Anhand seiner ausführlichen Reiseberichte lässt sich die Herkunft vieler berühmter Diamanten erforschen.

Geschliffener synthetischer Rubin

1-karätiger Rubin

Karobensame

Karobenhülse

UNSCHÄTZBAR
ist der Wert des Painit. Nur drei Kristalle sind bekannt, keiner davon kam bisher auf den Markt. Die aus Birma stammenden Kristalle wurden nach ihrem Entdecker, dem Edelsteinhändler A.C.D. Pain, benannt.

NICHT BILLIG
Die Herstellung guter synthetischer Kristalle erfordert viel Zeit, Sorgfalt und teures Gerät. Kunststeine sind daher alles andere als billig – doch Natursteine kosten immer noch zehn- bis hundertmal mehr.

Synthetische Rubinkristalle

KAROB UND KARAT
Die Samen des Johannisbrotbaums, die Karoben, galten seit der Antike als Gewichtseinheit für Edelsteine. Sie waren nämlich fast immer gleich groß und gleich schwer. Die heutige Maßeinheit Karat (ct) leitet sich davon ab (lat. *ceratium* für „Johannisbrot"). Sie ist international auf 0,2 g festgelegt.

DOPPELT HÄLT BESSER
Dubletten nennt man aus einem Edelstein und einer Glasimitation zusammengekittete Steine. Tripletten bestehen aus drei Schichten, die mittlere ist gefärbtes Glas oder Kitt. Am beliebtesten ist die Granatdublette. Das Oberteil ist ein dünnes, farbloses Granatstück. Es ist haltbarer als das gläserne, gefärbte Unterteil. Unseriöse Händler verkaufen solche Imitate als Rubine, Saphire oder Smaragde.

Abgesplittertes Glas

KEIN MUNDRAUB
Dieses Foto von 1910 zeigt Chinesen bei der Arbeit in den Rubinminen von Mogok in Birma. Die Sortierer mussten Drahthelme über den Kopf stülpen, damit sie keine Steine im Mund verstecken konnten.

KURZES VERGNÜGEN
Rotes Glas gilt seit Langem als Rubinersatz, doch im Laufe der Zeit verliert es Glanz und Form. Der härtere, zähere Rubin behält seine Qualitäten.

Synthetischer Rutil

Flourit (Flussspat)

Strontiumtitanit

Quarz

Lithiumniobat

ERSATZSTEINE

Diamanten werden am häufigsten imitiert, da viele Leute sich keine echten leisten können. Die ältesten Imitate waren aus Glas und Bergkristall. Im letzten Jahrhundert kamen synthetische Granate und Zirkoniumdioxid dazu. Hier eine Auswahl von Diamantimitationen, im Uhrzeigersinn nach Intensität ihres Feuers geordnet, angefangen mit Flourit.

Zirkoniumdioxid

Topas

GGG (Gadolinium-galliumgranat)

Diamant

Synthetischer Saphir

Synthetischer Spinell

YAG (Yttrium-aluminium-granat)

Zirkon

Glas

Größenangabe in Millimeter, Größenverhältnisse, Reinheit und Farbe sind aufgelistet.

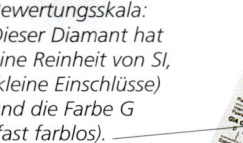

GIA GEM TRADE LABORATORY, INC.

SAMPLE

Bewertungsskala: Dieser Diamant hat eine Reinheit von SI, (kleine Einschlüsse) und die Farbe G (fast farblos).

MILLIONENSCHWER

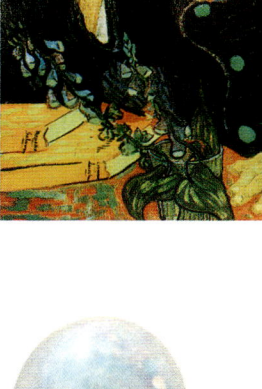

Diamanten, Rubine und Smaragde haben zwar in den letzten 20 Jahren Höchstpreise erzielt, jedoch nur einen Bruchteil der Kaufsumme für van Goghs *Porträt des Dr. Gachet*. Es wechselte 1990 für 82,5 Mio. Dollar den Besitzer.

DIE VIER Cs

Diamant ist nicht gleich Diamant. Nach einer internationalen Bewertungsskala werden die Steine nach vier Merkmalen eingestuft. Cut (Schliff), Gewicht in ct (Karat), Colour (Farbe) und Clarity (Reinheit). Die Bewertung der Reinheit richtet sich nach den Einschlüssen (S. 17, 21). SI bedeutet „kleine Einschlüsse". Seit 1975 werden die regional verschiedenen Bewertungssysteme standardisiert.

In die Umrisse von Krone und Pavillon werden etwaige Einschlüsse eingetragen.

OPALE FÜR ALLE

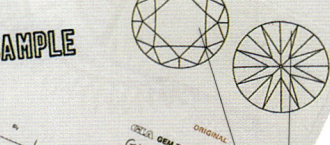

Es gibt verschiedene Opalimitate. Der Slocum aus Glas ist viel billiger als echter Opal. Im Labor wird der Gilson gezüchtet. Das dauert Monate, daher ist der Stein auch teurer. Echter Opal wird nach Farbe und Farbspiel bewertet, die teuerste und seltenste Art ist der Schwarze Opal.

Polystyrol-Latex

Echter Schwarzer Opal

Gilson-Opal

Slocum-Stein

Funkelnder Schliff

Edelsteine im Rohzustand bestechen selten durch Formschönheit und atemberaubende Brillanz. Ein Edelsteinschleifer verwandelt die Kristalle durch Abschleifen der groben Unebenheiten und Polieren in begehrenswerte Objekte, er bringt ihre ganz besonderen Eigenschaften zur Geltung. Die ältesten Schliffarten für Lapislazuli und Türkis (S. 50) sowie für Karneol und Achat (S. 33) sind Perlen und Cabochons. Seit dem 17. Jahrhundert kennt man den Brillantschliff für Diamanten. Heute ist er die beliebteste Schliffart.

RUTIL MIT BRILLANTSCHLIFF
1919 definierte Marcel Tolkowsky Winkel und Proportionen eines Brillantschliffs für ein harmonisches Zusammenspiel von Glanz, Brillanz und Feuer.

RAUCHQUARZROSE
Die Holländische Rose geht bis ins 14. Jh. zurück. Über einer flachen Basis liegt ein gewölbtes Oberteil mit Dreiecksfacetten.

AMETHYSTTAFEL
Beim Tafelschliff schneidet man von einem Diamantoktaeder die Spitze ab. So entsteht eine rechteckige Fassungskante.

QUARZTREPPE
Mit vielen rechteckigen Facetten eignet sich der Treppenschliff v. a. für farbintensive Steine wie Smaragd und Turmalin.

Brillantschliff

Zuerst untersucht der Schleifer den rohen Stein mit einer starken Lupe auf Körnungsrichtung und Fehler. Er markiert die Stellen, die abgesägt werden müssen. Dann werden die Facetten geschliffen.

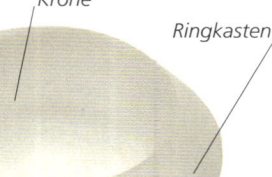

Krone

Ringkasten

1 VORWAHL
Ein Rohkristall wird für den Schliff ausgewählt.

2 ZERSÄGT
Die Pyramide an der Spitze wird abgesägt, dann folgt das „Zuschneiden", das Reiben gegen diamantbesetzte Drehscheiben. (Die Darstellung zeigt Modelle.)

Fassungskante

Pavillon (Hauptfacette)

Tafelfacette

VERWANDLUNG
1852 wurde der Koh-i-Noor-Diamant (S. 35) zu einem Brillanten geschliffen. Hier schneidet der Herzog von Wellington, beraten von Fachleuten, die erste Facette.

3 DIE ERSTE *links*
Man kittet den Stein auf einen Stock (Doppe) und schleift die erste Facette – die flache Tafel – auf einem gusseisernen Rad. Weitere Facetten folgen.

Koh-i-Noor (Brillantschliff)

PETRUS BERETTA:
AMSTERDAMER STRASSENSZENE
Vom 17. Jh. bis in die 1930er-Jahre war Amsterdam das bedeutendste Handels- und Bearbeitungszentrum für Diamanten.

4 VIELE FACETTEN *links*
Zwischen Tafel und Fassungskante vier Ringkastenfacetten, am gewendeten Stein nochmals vier Facetten auf dem Pavillon, vier Facetten auf der Krone und dem Pavillon sowie die Facette auf der Kalette (Unterseite).

5 LETZTER SCHLIFF
Den Abschluss bilden 24 weitere Facetten oben und 16 unterhalb der Fassungskante. Der Standardbrillant hat 57 Facetten oder 58 mit Kalette.

Diamantenschleifertisch um 1870

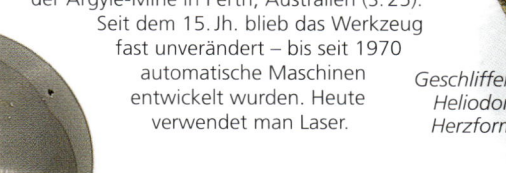

Achat

Amethyst

Geschliffener Zitrin, Dreiecksform

Geschliffener Saphir, unregelmäßige Form

Geschliffener Heliodor, Herzform

ALTMODISCH
Perlen lassen sich aus weichem Material anfertigen und gehören zu den ältesten Schmucksteinen überhaupt. Heute stellt man sie maschinell her.

SCHLEIFEN LASSEN
Diese Diamantenschleifer bearbeiten Steine aus der Argyle-Mine in Perth, Australien (S. 25). Seit dem 15. Jh. blieb das Werkzeug fast unverändert – bis seit 1970 automatische Maschinen entwickelt wurden. Heute verwendet man Laser.

DICKKÖPFIG
Derbe opake Steine wie dieser Granat werden oft zu runden oder ovalen Cabochons (gewölbtes Oberteil ohne Facetten) geschliffen. Der Name leitet sich vom französischen *caboche* (für „Kopf") ab.

LICHTSPIELE
Um die winzigen Rutilnadeln in Sternsaphiren und -rubinen (S. 37) zur Geltung zu bringen, schleift man diese Steine zu Cabochons.

EXTRAWURST
Bei seltenen Steinen oder aus besonderen Anlässen wählt man Schliffformen, bei denen es möglichst wenig Gewichtsverlust gibt.

Brosche mit Quarzcabochons. Diese Schliffart betont den Katzenaugeneffekt.

Eindruck, verursacht durch das Polieren von Granatcabochons

STONEWASHED
Steine und Mineralien werden in einer Trommel mit Wasser und Schleifmitteln poliert. Die Art des Schleifmittels richtet sich nach dem Schleifgut. Der Vorgang wird mit immer feineren Mitteln wiederholt.

AUF INDISCHE ART
Diesen massiven Korund verwendete man im 19. Jh. in Indien zum Schleifen und Polieren von Granat. Durch Abnutzung entstand die tiefe Rille.

TRETMÜHLE
Bild aus einer Achatschleiferei im 20. Jh. Die Schleifer halten die Steine gegen große wassergetriebene Schleifscheiben.

Mythen und Legenden

Schon im Altertum rankten sich Mythen und romantische Geschichten um Kristalle. In der persischen Mythologie steht die Welt auf einem Riesensaphir, dessen Reflexion den Himmel blau färbt. Smaragden schrieb man die Eigenschaft zu, Schlangen zu blenden, den Diamanten dagegen wunderbare Heilkräfte. Rubine waren im Mittelalter Zeichen der Macht und der romantischen Liebe, edle Frauen schenkten sie ihren Rittern als Liebespfand. Viele besondere Steine sind angeblich mit einem bösen Fluch belegt und stürzen, wie der Hope-Diamant, ihre Besitzer ins Unglück.

KRISTALLKOMPASS
Die Wikinger sollen mit Cordieritkristallen navigiert haben. Hält man sie gegen die Sonne und dreht sie, verdunkelt sich der Kristall und verändert die Farbe. Mit dieser Eigenschaft ließ sich die Himmelsrichtung bestimmen.

VOGELKOMPASS
Vielleicht ist das Rätsel des Vogelzugs gelöst. Winzige Magnetitkristalle im Vogelhirn könnten als Kompass dienen.

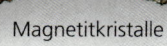

ABSTOSSEND
Der in Eisenoxid natürlich vorkommende Magnetit ist teilweise magnetisch. In der Antike schrieb man ihm Zauberkraft zu. Alexander der Große, der im 3. Jh. v. Chr. ein riesiges Reich eroberte, verteilte solche Steine an seine Soldaten, um böse Geister von ihnen fernzuhalten.

Vom Magnetit angezogene Eisenspäne folgen den Feldlinien.

Magnetitkristalle

ERNÜCHTERND
soll der Amethyst u. a. im 15. Jh. gewirkt haben, als Heilmittel gegen Trunksucht. Vielleicht liegt es daran, dass Trinkgefäße aus Amethyst waren. In ihnen sah Wasser aus wie Rotwein, konnte aber ohne Nebenwirkungen genossen werden.

HEILIGE JUWELEN
Der ursprüngliche Brustschmuck des Hohepriesters von Israel wird in der Bibel (2. Mose 28, 15–30) beschrieben als mit vier Reihen von je drei Edelsteinen besetzt. Sie werden namentlich aufgeführt, jedoch nicht ganz korrekt. Bei dem als Saphir bezeichneten Stein handelt es sich um den Lapislazuli.

TRÄNEN AUS STEIN
Staurolithkristalle können Zwillinge in Kreuzform bilden. Diese heißen im Volksmund Kreuzsteine und dienten früher als Amulette bei Taufen. Im US-Staat Virginia fand man besonders schöne Exemplare dieser Steine. Der Legende nach entstanden sie aus den Tränen, die gute Feen über den Tod Christi vergossen.

Kristallkugeln

Schon die Griechen und Römer lasen aus Kristallkugeln die Zukunft. Der Wahrsager betrachtet eingehend die polierte Kugel, bis sie vor seinen Augen verschwimmt. Aus diesem Nebel liest er seinen Kunden die Zukunft.

ZUKUNFTSVISIONEN
John Dee, Scharlatan und Günstling von Elisabeth I. im 16. Jh., betätigte sich ebenfalls als Wahrsager. Unter seiner Regie „las" sein Kollege Kelley die Kugel.

ZUKUNFTSTRÄCHTIG
Beliebtestes Material für Kristallkugeln ist Quarz, doch auch Spiegel, polierter Stahl oder Wasser müssen zum Wahrsagen herhalten.

HOFFNUNGSTRÄGER
Kristallkugeln kennt man aus dem Fernen Osten, Europa und Nord- und Südamerika. Diese stammt aus China.

Monatssteine

Seit dem 1. Jh. n. Chr. widmete man, in Anlehnung an die zwölf Steine auf dem Brustschild des Hohepriesters, jedem Monat einen besonderen Stein. Im 18. Jh. trug man solche Steine in Polen. Diese Mode breitete sich über die ganze Welt aus.

Januar –
Granat

Februar –
Amethyst

Dezember –
Türkis

November –
Topas

März –
Aquamarin

Oktober –
Opal

April –
Diamant

September –
Saphir

Bergkristall mit eingravierten
Tierkreiszeichen

Mai –
Smaragd

August –
Peridot

Juli –
Rubin

Juni –
Perle

IN DEN KARTEN
Auch die Sternzeichen haben eigene Edelsteine. Auf diesen Zigarettenkarten von 1923 steht der Karneol für die Jungfrau, der Peridot für den Löwen.

IM WANDEL DER ZEIT
Im Lauf der Geschichte wechselte die Zuordnung von Edelsteinen zu bestimmten Monaten. Römer, Araber, Juden und Russen bevorzugten unterschiedliche Kombinationen. Hier ist eine der beliebtesten Gruppen zu sehen.

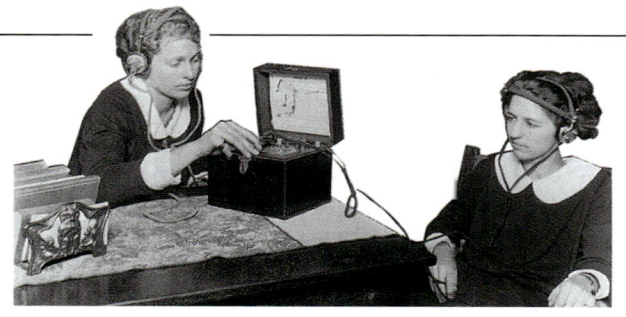

Kristalle im Alltag

Überall sind wir von Kristallen umgeben. Eiskristalle sind im Tiefkühlfach, Kristalle in Salz und Zucker, in der Hausapotheke in Vitamin C und Aspirin, Weinsäurekristalle in der Weinflasche. In Kühlschrank und Waschmaschine befinden sich die Kristalle von Siliziumchips. Fernseher, Telefon, Radio und Kamera arbeiten mit Kristallen, ein Haus besteht zum großen Teil aus kristallinen Stoffen. Mit metallischen Kristallen kommen wir in Bestecken und Münzen, Autos und Fahrrädern in Berührung.

FEINER PINSELSTRICH
In den 1920er-Jahren, als der Hörfunk in den Kinderschuhen steckte, kam dieser Kristallsender in Gebrauch. Man strich mit einem dünnen Kupferdraht, dem Detektorpinsel, gegen einen Galenitkristall, um Radiowellen aufzunehmen.

VOLL AUF DER RILLE
Viele Plattenspieler enthalten zwei Kristalle, einen Diamanten oder Korund als Nadel und einen kristallelektrischen Stein, der die Vibrationen aus der Platte in elektrische Signale umwandelt.

Diamantnadel

Eine Diamantnadel auf ihrer Reise durch die Plattenrille (Makroaufnahme)

RAFFINIERT
Über 100 Mio. t Zuckerkristalle werden jährlich produziert. Dabei wird zunächst aus Zuckerrohr oder -rüben ein Zuckersaft gewonnen, aus dem dann Zucker kristallisiert. Dieser silberne Zuckerlöffel besteht aus vielen Silberkristallen.

LCD (Flüssigkristallanzeige)

Stark vergrößerte Vitamin-C-Kristalle

LCD
Solche Anzeigen besitzen die meisten Taschenrechner. Flüssigkristalle fließen wie eine Flüssigkeit, doch Aufbau und Eigenschaften gleichen denen von Kristallen. Elektrische Spannung richtet sie aus, sodass der angesteuerte Bereich eine bestimmte Helligkeit oder Farbe annimmt.

LEBENSWICHTIG
Dies sind Vitamin-C-Tabletten mit Kristallen der Ascorbinsäure (Vitamin C). Sie kommt v. a. in Zitrusfrüchten, Kiwis, Tomaten und Blattgemüse vor. Unser Körper kann das lebenswichtige Vitamin nicht selbst herstellen. Deshalb müssen wir es mit der Nahrung oder pur zu uns nehmen.

KOSTBARE STEINE
Viele Menschen besitzen
Schmuck mit Edelsteinen oder
Halbedelsteinen wie diese
Silberbrosche mit Dia-
manten, blauem
Saphir und
einer Perle.

Nadelige Kesselsteinkristalle
(vergößert)

KESSELSTEIN
Im Leitungswasser sind Reste
harmloser Minerale enthalten.
Im Wasserkessel kristallisieren sie
und überziehen die Innenwand
mit einer weißen Schicht.

GEBANNT
Bei der analogen Fotografie
wird ein Bild mithilfe des Lichts
auf lichtempfindliches Material
gebannt. Meist benutzt man
Silbersalzkristalle, daher verbraucht
die Fotoindustrie das meiste Silber.

Silbernitratkristalle auf
einem Film (vergößert)

ZEITDRUCK
Winzige Quarzkristalle halten
viele Uhren in Gang (S. 31),
synthetische Rubine
werden als Lager-
steine verwendet.

*Rubin-
kristalle*

Lupe zur
Untersuchung
wesentlicher
Merkmale
von Kristallen

Die Kristallsammlung

Zum Kristallesammeln braucht man nicht viel Geld.
Man kann Kristalle draußen suchen, beim Händler
kaufen oder mit Freunden tauschen. Man muss sie
aber vorsichtig aufbewahren, da sie meist leicht
zerbrechen. Eigene Fundstücke sollte man
mit Angaben zum Fundort und über das
Muttergestein katalogisieren.

Wulfenitkristall

KLEIN, ABER FEIN
Miniatursammlun-
gen (Mikromounts) sind
kosten- und platzsparend und
sehr beliebt. Die Kristalle sind nur
wenige Millimeter groß und man
kann daher auch seltene Minerale
sammeln.

Amethystkristalle

**GEFÜLLTE
KNOLLEN**
In Basalt-
lavaströmen
findet man
kristallgefüllte
Geoden (S. 7).
Sie bilden sich
aus Flüssigkeiten,
die durch das Gestein
sickern und in Hohlräumen
kristallisieren. Solche Knollen
sind begehrte Sammlerobjekte.

FREILANDARBEIT
Zum Sammeln braucht man einen Geologen-
hammer, feste Kleidung und Stiefel, Helm und
Augenschutz. Auf Privatgrundstücken darf man
ohne die Erlaubnis des Eigentümers nicht sammeln.

Wusstest du das?

Erstaunliche Fakten

In Persien glaubte man früher, die Welt ruhe auf einem riesigen Saphir, der sein blaues Licht an den Himmel werfe. Andere Kulturen glaubten, der Himmel selbst sei ein Saphir, in dem die Erde sitze.

Anhänger mit Saphiren und Diamanten

Das Blau des Saphirs steht für Harmonie, Vertrauen und Loyalität. In vielen Ländern wählen Frauen daher Saphire als Edelstein für ihren Verlobungsring.

Das Wort Granat stammt vom lateinischen Namen des Granatapfels ab. Die Samen dieser Frucht sind leuchtend rot. Granat kann aber auch violettrot oder weinrot sein.

Granatapfel

An manchen Stellen findet man Diamanten auch im Meeresboden. Vor der Küste Namibias im südlichen Afrika suchen Menschen nach Diamanten. Moderne Boote pumpen Sand und Geröll, in dem sich die Diamanten befinden, an die Oberfläche.

Seit man das erste Mal Diamanten in Kimberlitgestein fand, baut man sie systematisch ab. Pro Karat oder 0,2 g des späteren Diamanten müssen über 25 t Gestein bewegt werden.

Im Mittelalter trugen Menschen, die es sich leisten konnten, einen Diamanten, um sich vor der Pest zu schützen. Im antiken Griechenland glaubte man, Diamanten schützten den Menschen vor Gift.

Mondsteine werden oft mit Silber kombiniert, um ihren silbrigen Glanz zu unterstreichen.

Mondsteinkette

Früher glaubte man, dass der Glanz der Mondsteine mit dem Mond zu- und abnimmt. Deswegen trugen v. a. Menschen, die den Mond anbeteten, diesen Stein.

Topaskristalle können bis zu 1 m lang werden und mehrere Hundert Kilogramm wiegen. Der Name stammt vermutlich von dem Sanskritwort *tapas* ab und bedeutet Feuer.

Schildpatt wird aus dem Panzer verschiedener Schildkrötenarten, v. a. der sehr seltenen Karettschildkröte, hergestellt. Sie steht aber mittlerweile unter Naturschutz. Das meiste „Schildpatt" ist heutzutage aus Plastik.

Karettschildkröte

Haarschmuck bestand früher häufig aus Schildpatt.

Früher glaubte man, dass sechsstrahlige Sternsaphire vor allem Bösen schützen. Die drei sich kreuzenden Linien standen für Glaube, Hoffnung und Schicksal.

Die frühen Ägypter glaubten, die blaue Farbe des Lapislazuli deute auf seine himmlische Herkunft hin. Sie schmückten Götterstatuen und Totenmasken damit, um sich so im nächsten Leben zu schützen.

Sternsaphir

In Arabien glaubte man, Perlen seien die Tränen der Götter. Man kann Perlen züchten, aber auch dann dauert es bis zu vier Jahre, bis sich eine Perle im Inneren einer Auster gebildet hat.

Im antiken Griechenland galt Bernstein als heilig. Man glaubte, der Stein entstehe, wenn die Strahlen des Sonnenuntergangs aushärten. Wenn man Bernstein reibt, lädt er sich elektrisch auf. Das Wort Elektrizität stammt von dem griechischen Wort für Bernstein, *elektron*, ab.

Diamantenschiff

Fragen und Antworten

F Seit wann verwenden Menschen Kristalle und Edelsteine?

A Schmuck wurde schon in Gräbern gefunden, die Tausende Jahre alt sind. Antiker Schmuck ist selten, aber z. B. einige ägyptische Stücke haben überlebt. Sie sind oft aus Gold und mit Edelsteinen wie Türkisen, Lapislazuli oder Karneol besetzt.

F Was sind eigentlich Kartoffelsteine?

A Ein Kartoffelstein oder eine Geode ist ein hohler Stein, der innen mit Amethyst- oder anderen Kristallen ausgekleidet ist. Manchmal sickert silikatreiches Wasser in eine Blase in flüssiger Lava. Wenn die Lava auskühlt, bildet sich ein Gesteinsmantel, und innen entstehen die Kristalle.

Kartoffelsteine

F Warum sind Edelsteine wertvoll?

A Edelsteine sind wertvoll, weil sie so selten und so beständig sind. Und natürlich aufgrund ihrer Schönheit und der Art, wie sie geschliffen und poliert werden. Es gibt etwa 3000 verschiedene Mineralien, aber nur 100 davon gehören zu den Edelsteinen.

F Woher kommen Diamanten?

A Diamanten bilden sich unter hohen Temperaturen und extrem hohem Druck in über 80 km Tiefe im Erdmantel. Die ersten Exemplare fand man vor 2000 Jahren v. a. in Flusskiesen. Heute gewinnt man Diamanten in erster Linie aus Kimberlit. Hauptproduzenten sind Russland und der Kongo.

F Was sind Saatperlen?

A Das sind winzig kleine Perlen. Perlen sind ganz unterschiedlich groß. Ihr Gewicht gibt man wie bei Edelsteinen in Karat oder in Grain (= 0,05 g) an. Eine Saatperle wiegt weniger als 0,25 Grain.

Talisman mit Skarabäus aus dem Grab des Tutanchamun

F Warum trugen Kinder früher häufig Schmuck aus Korallen?

A Man glaubte, dass Korallenschmuck vor Bösem schützt. Daher schenkte man Kindern oft Armbänder oder Halsketten aus Koralle, damit sie sicher waren und nicht krank wurden.

F Warum sind Smaragde grün?

A Die charakteristische grüne Farbe stammt von winzigen Einschlüssen aus Chrom und Vanadium.

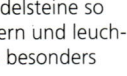

Diamanten-Collier von Erzherzog Joseph

F Warum schleift und poliert man Edelsteine?

A Erst durch die Bearbeitung reflektieren Edelsteine so viel Licht und glitzern und leuchten. Das macht sie besonders wertvoll.

F Warum wird organischer Schmuck eher geschnitzt als geschliffen?

A Materialien wie Koralle, Bernstein, Elfenbein, Jett oder Perlen sind weicher als mineralische Kristalle. Die meisten sind zudem undurchsichtig, darum machen Facetten, in denen sich das Licht brechen soll, keinen Sinn. Man schnitzt und poliert sie daher.

F Was haben Rubine und Nagelfeilen gemeinsam?

A Rubin ist extrem teuer. Als eine Spielart des Korunds ist er zudem sehr hart. Auch Schmirgel ist eine Form des Korunds, allerdings eine sehr unreine. Er wird seit Jahrtausenden zum Schmirgeln und Feilen benutzt.

Geschliffener Rubin

F Welcher berühmte Rubin ist in Wahrheit gar keiner?

A Viele Kronjuwelen enthalten große rote Edelsteine, Spinelle genannt, die die Menschen fälschlicherweise für Rubine hielten. Der Rubin des Schwarzen Prinzen in den britischen Kronjuwelen ist ein Spinell.

Rekordverdächtig

WERTVOLLSTER EDELSTEIN
Diamanten sind am wertvollsten, weil sie unübertroffen schön und das härteste Mineral auf der Welt sind.

GRÖSSTER DIAMANT
Der größte Rohdiamant war bisher der Cullinan. Man fand ihn 1905 in Südafrika. Er wog 3106 Karat und wurde in 9 große und 96 kleinere Steine geschnitten.

SCHLEIFMARATHON
Drei Schleifer arbeiteten 8 Monate lang 14 Stunden am Tag, um den Cullinan-I-Diamanten zu schleifen. Der Stein wurde in das königliche britische Zepter gesetzt.

PREISLOSER EDELSTEIN
Nur drei Painitkristalle wurden bisher gefunden und keiner davon jemals verkauft. Daher haben sie keinen Preis.

GRÖSSTER BERYLL
Der größte Beryll wurde in Madagaskar gefunden. Er wog 36 t und war 18 m lang.

Edelsteine bestimmen

Für das ungeübte Auge sehen viele Edelsteine gleich aus. Sie haben die gleiche Farbe und sind ähnlich geschliffen. Hier findest du eine Übersicht über die beliebtesten Halb-edel- und Edelsteine, ihre Farben und Eigenschaften.

Smaragdeidechse

Zitrin, gemischter Schliff und typische orangefarbene Nuance

ZITRIN
Zitrin ist eine gelbe oder goldene Quarzform. Natürlicher Zitrin ist blassgelb, aber man findet ihn nur selten. Der Name leitet sich von dem Word „Zitrus" ab.

Amethyst – ovaler gemischter Schliff und typische purpurviolette Farbe

AMETHYST
Amethyste sind violette, lila- oder malven-farbene Quarzkristalle. Je nach Blickwinkel wirken sie manchmal bläulich oder rötlich. Oft sind kleine Einschlüsse zu erkennen.

Tigerauge – geschliffen und poliert, mit deut-lichen Streifen

TIGERAUGE
Tigeraugen sind eine Spielart des Chalzedons, eine Quarzform, die aus winzigen Fasern besteht. Sie sind schwarz mit gelben oder goldbraunen Streifen.

Indischer Karneol mit typischer orange rötlicher Färbung

KARNEOL
Auch der Karneol ist eine Variante des Chalzedons. Er ist rotorange bis bräunlich gefärbt.

Farbloser Diamant mit schwarzen Einschlüssen im Brillantschliff

DIAMANT
Sie bestehen aus reinem Kohlenstoff und sind extrem hart. Im Licht funkeln sie hell. Es gibt verschiedene Farben, aber die beliebteste ist die reine, farblose Variante.

Rubin – gemischter Kissenschliff und leuchtend rote Farbe

RUBIN
Er ist einer der teuersten Edelsteine. Meist sind Rubine tiefrot, aber die Farbe kann von rosa bis braun variieren. Rubine sind nach Diamanten die zweithärtesten Steine.

Blassblauer Saphir aus Sri Lanka

SAPHIR
Die wertvollsten Saphire erscheinen in einem klaren tiefen Blau, aber sie können auch gelb, grün, rosa oder farblos sein. Rubin und Saphir sind Formen des Korunds.

Bläulich grüner Smaragd mit vielen kleinen Rissen und Einschlüssen

SMARAGD
Sie sind eine Form des Berylls und tiefgrün. Nur die besten sind durchscheinend und fehlerfrei. Die meisten besitzen Einschlüsse, auch als Garten oder *jardin* bezeichnet.

Leicht grünlich schimmernder Aquamarin im Treppenschliff

AQUAMARIN
Auch er ist eine Form des Berylls, die Farbe variiert von blass meergrün bis dunkelblau. Betrachtet man ihn von ver-schiedenen Seiten, wechselt er die Farbe.

Opal mit kräftig grüner und blauer Zeichnung

OPAL
Opale sind berühmt für ihre irisierende kräftige Farbe. Irisierende Opale mit dunklem Hintergrund nennt man schwarze Opale. Potch ist ein opaker, nicht irisierender Opal.

Lachs-farbener Topas

TOPAS
Topase gibt es in vielen verschiedenen Farben, von goldgelb (Sherrytopas) über rosa bis blau und grün. Natürliche rosa Steine sind extrem selten.

Wasser-melonen-turmalin

TURMALIN
Turmaline gibt es in vielen Farben, oft ist sogar ein einzelner Kristall mehrfarbig. Rot und grün gefärbte Kristalle werden oft als Wassermelone bezeichnet.

Oval geschliffener Pyrop (Granat)

GRANAT

Verschiedene Steine werden zu den Granaten gezählt. Die beliebtesten sind der blutrote Pyrop und der tiefrote Almandin.

Peridot im achteckigen gemischten Schliff

PERIDOT

Peridot ist ein meist flaschengrüner Olivin mit wachsartigem Glanz. Licht bricht sich zweimal in diesem Stein, daher sieht man die hinteren Facetten manchmal doppelt.

Blauer Mondstein

MONDSTEIN

Sein silbrig-blauer Glanz erinnert an das Mondlicht. Es gibt aber auch graue, gelbe, grüne und rosafarbene Formen.

Achteckiger gemischter Schliff mit glasartigem Glanz

SPINELL

Die beliebtesten Spinelle sind rubinrot, aber es gibt sie auch in Blau und Gelb. Bis zum 19. Jh. nannte man tiefrote Spinellformen fälschlicherweise Balas-Rubine.

Geschliffener gelber Chrysoberyll

CHRYSOBERYLL

Er ist bekannt für seine goldene Farbe. Eine Form, der Alexandrit, wandelt seine Farbe im künstlichen Licht von Grün zu Rot, je nach Blickwinkel.

Farbloser Zirkon, entstanden durch Erhitzen eines rötlichen Steins

ZIRKON

Reine Zirkone sind farblos und ähneln Diamanten, aber meist sind sie eher goldbraun. Erhitzt man gefärbte Steine, entfärben sie sich oder werden bläulich.

Durchscheinender Jadeit mit schwarzen Einschlüssen

JADE

Zwei Minerale werden als Jade bezeichnet: Jadeit und Nephrit. Hochwertiger Jadeit leuchtet smaragdgrün. Nephrit variiert von cremefarben bis olivgrün.

Von Pyrit durchzogenes, poliertes Gestein

LAPISLAZULI

Er ist v. a. wegen seiner intensiv blauen Farbe beliebt. Lapislazuli besteht aus mehreren Mineralien.

Zum gewölbten Cabochon geschliffener Türkis

TÜRKIS

Dieser Stein wird wegen seiner intensiven blaugrünen bis hellblauen Farbe geschätzt. Er ist undurchsichtig und wird meist zu Kugeln oder ovalen Cabochons geschliffen.

Organische Schmuckmaterialien

Anders als Edelsteine, die aus anorganischen Mineralien bestehen, sind organische Schmuckmaterialien tierischen oder pflanzlichen Ursprungs. Bernstein, Jett, Koralle, Perlen und Elfenbein gehören dazu. Sie sind keine Steine und daher nicht so hart und beständig wie Edelsteine. Anstatt Facetten einzuschleifen, schnitzt und poliert man sie.

Geschnitzter Jett mit fein gearbeiteter Rose in der Mitte

JETT

Dies ist ein sehr feinkörniges Gestein aus versteinertem Holz. Es ist opak, schwarz oder dunkelbraun mit samtigem Glanz. Früher trug man ihn v. a. als Trauerschmuck. Meist wird er facettiert und poliert.

Durchscheinende goldbraune Perlen

BERNSTEIN

Bernstein besteht aus ausgehärtetem Baumharz. Er ist durchscheinend und meist goldorange oder seltener tiefrot. Manchmal sind Insekten oder Pflanzenteile eingeschlossen.

Bernsteinkette

Feine Korallenschnitzkunst mit einem Affen in einem Baum

KORALLE

Dies sind die Überreste von winzigen Meeresbewohnern, den Polypen. Es gibt sie in Rosa, Rot, Weiß oder Blau.

Eine fast perfekt geformte Perle für eine Perlenkette

PERLEN

Muscheln bilden diesen begehrten irisierenden Schmuck. Perlen sind meist weiß bis cremefarben, oft rosa oder blau überhaucht und manchmal sogar schwarz.

Neugierig geworden?

Um mehr über Kristalle und Edelsteine herauszufinden, besuchst du am besten ein Museum. Naturkunde- und geologische Museen besitzen meist riesige Gesteins- und Mineraliensammlungen. Hier lernst du, wie Kristalle sich bilden, wo sie vorkommen und wie sie in der Natur aussehen. Viele Museen haben auch beeindruckende Edelsteinsammlungen und zeigen, wie die wertvollen Steine zu Schmuckstücken verarbeitet wurden. Hier findest du ein paar Vorschläge für die spannendsten Museen, die du besuchen kannst, und die interessantesten Internetseiten, auf denen du mehr über Edelsteine und Kristalle erfährst.

KRISTALLE UND EDELSTEINE
Die meisten Naturkundemuseen und geologischen Sammlungen wie hier in London zeigen eine Vielzahl an geschliffenen Edelsteinen und berühmten Schmuckstücken. Oft sind die Stücke angestrahlt, um ihre volle Schönheit zu präsentieren. Einige Steine sind auch in ihrer natürlichen Form, teilweise noch in einen Gesteinsbrocken eingebettet, zu sehen.

WO MAN EDELSTEINE FINDET
Einige Kristalle wie Quarz und Granat findet man auf der ganzen Welt. Andere wie Diamanten sind sehr selten. Wo Edelsteine vorkommen, hängt von verschiedenen geologischen Faktoren ab. Die Karte rechts zeigt die Hauptfundstellen der zwölf wichtigsten und teuersten Edelsteine. Wenn du einen dieser Orte besuchst, kannst du vielleicht eine Mine besichtigen oder Edelsteine in Galerien, Museen oder Geschäften betrachten.

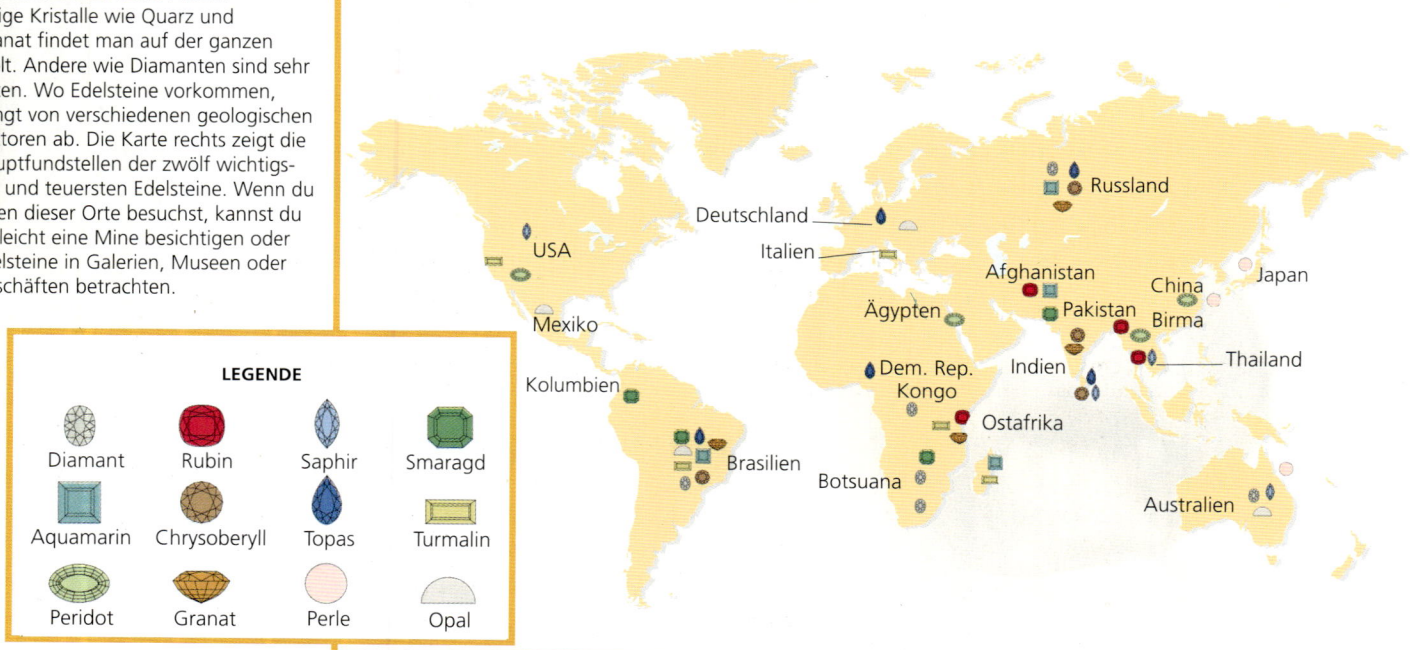

Russland · Deutschland · Italien · USA · Afghanistan · China · Japan · Ägypten · Pakistan · Birma · Mexiko · Dem. Rep. Kongo · Indien · Thailand · Kolumbien · Ostafrika · Brasilien · Botsuana · Australien

LEGENDE

Diamant	Rubin	Saphir	Smaragd
Aquamarin	Chrysoberyll	Topas	Turmalin
Peridot	Granat	Perle	Opal

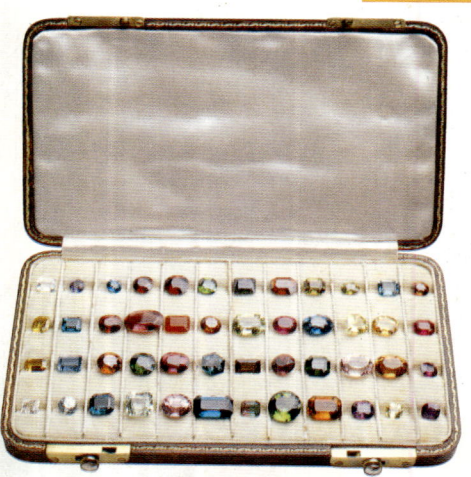

EDELSTEINSAMMLUNG
Manche Museen zeigen private Edelsteinsammlungen. Starte doch deine eigene Steinsammlung! Suche an Stränden, Flussufern und in den Bergen nach schönen Exemplaren. Spüle sie mit Wasser ab und lass sie trocknen. Dann legst du sie in Streichholzschachteln oder kleine Kartons. Bestimmt kann dir im Museum jemand helfen, die Steine zu bestimmen.

Diese geschliffenen Edelsteine gehören zur Mathews-Sammlung in London.

INTERNETADRESSEN

• Züchte selbst Kristalle!
www.tk-logo.de/cms/beitrag/10000285/203976/Harte_Brocken.html
• Ist Bernstein ein Edelstein?
www.planet-wissen.de/natur/schmuck/bernstein/pwwbbernstein100.html
• Was haben Edelsteine mit Brillen zu tun?
www.br-online.de/kinder/fragen-verstehen/wissen/2006/01287/
• Auch Schneeflocken bestehen aus Kristallen.
www.kids-and-science.de/kinderfragen/detailansicht/datum/2009/12/14/wie-entsteht-schnee.html

Besuche doch mal …

TERRA MINERALIA (FREIBERG)
Die TU Bergakademie Freiberg zeigt hier eine der bedeutendsten und wertvollsten privaten Mineraliensammlungen der Welt. Sie umfasst über 3500 Mineralien mit einer erstaunlichen Vielfalt von Formen und Farben.

MINERALOGISCHES MUSEUM DER UNIVERSITÄT HAMBURG
Bereits im Eingangsbereich beeindruckt eine der größten Antimonit-Kristallgruppen der Welt. Außerdem spannend: Das Museum bietet eine Echtheitsprüfung für Edel-, Schmucksteine und Perlen an.

SCHMUCKMUSEUM PFORZHEIM
Dieses Museum zeigt Edelsteine und Kristalle in ihrer Verarbeitung. Von historischen Stücken aus allen Epochen bis hin zu moderner Schmuckkunst kann man Amulette, Ringe, Broschen, Uhren u. v. m. bewundern.

NATURHISTORISCHES MUSEUM WIEN
Die Edelsteinsammlung des Museums zeigt u. a. den aus 761 Steinen und 2102 Diamanten zusammengesetzten „Edelsteinstrauß", den Kaiserin Maria Theresia ihrem Mann schenkte.

JUWELEN UND SCHMUCK
Ein Schmuckmuseum ist ein hervorragender Ort, um zu erfahren, wie Edelsteine früher in Schmuckstücke eingearbeitet wurden. Aber nicht nur historischer Schmuck, auch moderne Stilrichtungen wie Art Deco sind lohnenswert. Antiken Schmuck findest du z. B. in der altägyptischen Abteilung eines Museums. In den Museen im Ausland kannst du ethnische Schmuckstücke bestaunen.

Das Diamanten-Collier, das Napoleon 1811 der Königin Marie-Louise schenkte

SCHATZKAMMER DES TOPKAPI-PALASTES
Wenn du einmal nach Istanbul (Türkei) reist, solltest du das Museum im Topkapi-Palast besuchen. Es hat eine wunderbare Sammlung kolumbianischer Smaragde, die Schmuckstücke und andere Gegenstände zieren. Dieser Dolch ist ausgestellt, der mit Turmalinen besetzte goldene Thron, der größte Smaragde der Welt und Vasen aus grüner Jade.

Große Smaragde zieren den Griff dieses Dolchs.

KRONJUWELEN
Eindrucksvolle Bespiele berühmter Juwelen aus Edelsteinen, Gold und Silber finden sich in den Kronjuwelen Frankreichs, Großbritanniens und Österreichs. Im Louvre in Paris kannst du die Kronen von Napoleon und Ludwig XV. sehen, die sie bei ihrer Krönung trugen. Weitere Kronen, Zepter und Schwerter aus der Zeit des Mittelalters werden hier ausgestellt. Auch der Regent, einer der reinsten Diamanten der Welt, ist hier zu bestaunen. Ludwig XV. trug ihn 1722 bei seiner Krönung. Der Tower in London beherbergt die britischen Kronjuwelen. Einige der Ausstellungsstücke werden heute noch zu bestimmten Anlässen verwendet, z. B. die Edwardskrone, die nur bei Krönungszeremonien zum Einsatz kommt, oder die britische Reichskrone mit dem berühmten „Rubin" (eigentlich ein Spinell) des Schwarzen Prinzen.

Karl der Große (742–814), König von Frankreich

Mit kostbaren Edelsteinen besetztes Gold

Krone der Kaiserin Eugenie, ausgestellt im Louvre

Dieses mit Edelsteinen besetzte goldene Zepter wurde für Karl V. gefertigt.

Im Museum im Tower von London können Kinder Nachbildungen der Kronjuwelen, der königlichen Gewänder und Rüstungen anprobieren.

Glossar

ADERN Mit Mineralien gefüllte Spalten oder feine Risse im Gestein.

ALLOCHROMATISCH Bedeutet so viel wie „fremd-gefärbt", bezeichnet eigentlich farblose Edelsteine, die durch winzige Unreinheiten gefärbt sind.

AMORPH Ohne einheitliche innere oder äußere Struktur.

ANORGANISCH Mineralische Stoffe. *Siehe auch* Organisch

BESTÄNDIGKEIT Eigenschaft, lang zu überdauern, ohne zu verwittern.

BINDUNG Eine chemische Bindung besteht aus zwei oder mehr Atomen, die nur durch Wärme oder Druck getrennt werden können.

Diamant im Brillantschliff

BRECHUNGSINDEX (B) Bezeichnet die Fähigkeit eines Minerals, das Licht zu beugen.

BRILLANTSCHLIFF Beliebteste Schliffform, v. a. für Diamanten. Meist mit 57 Facetten oder 58 mit flacher Unterseite.

Rubin in Chabochonform mit Sterneffekt

CABOCHON Runde oder ovale Grundform mit glatter, gerundeter Oberfläche.

DENDRITEN Farnartige Verästelungen von Kristallen, die in die Felsspalten und -risse hineinziehen.

DICHROITISCH Eigenschaft eines Kristalls, je nach Betrachtungswinkel in zwei verschiedener Farben zu erscheinen.

DICHTE *siehe* Spezifisches Gewicht

DISPERSION Eigenschaft, das Licht in seine vielfarbigen Bestandteile zu zerlegen.

DOPPELTBRECHEND Eigenschaft einiger Kristalle, einen Lichtstrahl in zwei Strahlen aufzuteilen und in verschiedene Richtungen zu reflektieren.

DRUSEN Hohlräume in Gesteinen, in denen Kristalle wachsen können.

DUBLETTE Ein aus einem Edelstein und einer Glasimitation zusammengekitteter Stein.

DURCHSCHEINEND Lichtdurchlässig, aber nicht ganz klar.

EINSCHLUSS Material (meist ein Mineral), dass in einem Mineral eingeschlossen ist.

ERDKERN Größtenteils flüssiges Zentrum der Erde.

ERDKRUSTE Äußere feste Schicht der Erde.

ERDMANTEL Schicht zwischen Erdkern und Erdkruste.

EROSION Abtragung von Boden und Gestein, z. B. durch Wind, Wasser oder Gletscher.

Dendriten des Minerals Pyrolusit

FACETTE Kleine ebene Fläche eines geschliffenen Steins.

FACETTIEREN Facetten in einen Kristall oder ein organisches Material schleifen.

FLUORESZENZ Farbiges Licht, dass ein Mineral unter für uns nicht sichtbarem UV-Licht ausstrahlt.

FLUSSKIES Vom Fluss verfrachtete, rund gewaschene Steine.

FLUSSSEDIMENTE Verwittertes Material, das von einem Fluss transportiert und an anderer Stelle abgelagert wurde.

FUMAROLE Austrittsstelle von Wasserdampf und Gas in vulkanischen Gebieten, an denen sich Kristalle bilden können.

Fluoreszierender Kristall

GEMISCHTER SCHLIFF Schliffart, bei dem die Facetten der Ober- und Unterseite eines Steins sich unterscheiden, z. B. oben ein Brillant-, unten ein Treppenschliff.

GEODE Stein mit Hohlraum, der von Kristallen überzogen ist.

GESTEIN Fester natürlich auftretender Verbund mineralischer Partikel. Einige enthalten nur eine, andere viele verschiedene Mineralienarten. Sie können anorganisch oder biologischen Ursprungs sein.

GESTEINSMATRIX Feinkörnige Grundsubstanz eines Gesteins zwischen den größeren Partikeln.

GLANZ Eigenschaft eines Minerals, Licht zu brechen, zu bündeln und zu reflektieren.

Kalzitkristall

GLASGLANZ Begriff zur Beschreibung der glasartigen Oberfläche einiger Kristalle.

Idiochromatischer Schwefel

GÜRTEL Breitester Mittelteil eines geschliffenen Steins, hier treffen sich die obere Hälfte (Krone) und die untere (Pavillon).

HABITUS Natürliche Form eines Kristalls. Wichtiges Bestimmungsmerkmal.

HARZ Klebrige, v. a. von Bäumen abgesonderte Substanz.

Irisierender Hämatit

IDIOCHROMATISCH Kristalle, deren Farbe von ihrer chemischen Zusammensetzung bestimmt wird, z. B. Schwefel.

IRISIEREND In den Farben des Regenbogens schimmernd, ähnlich wie ein Ölfilm auf Wasser.

KAMEE Dreidimensionale künstlerische Darstellung aus einem Schmuckstein.

KARAT Gewichtseinheit für Edelsteine, 1 Karat = 0,2 g.

KATZENAUGENEFFEKT Lichtschimmer einiger Edelsteine wie Chalzedon, der an ein Tigerauge erinnert.

KIMBERLIT Gestein, das die Diamanten führen kann.

KLAR Durchsichtig, fast alles Licht durchlassend.

KRISTALL Natürlicher fester Stoff mit regelmäßiger Anordnung der Atome.

KRISTALLIN Wie ein Kristall aufgebaut.

LAVA Magma aus dem Erdinneren, die durch einen Vulkan an die Oberfläche gelangt.

LICHTBRECHUNG Änderung der Richtung eines Lichtstrahls, z. B. wenn er durch einen Kristall hindurchgeht.

MAGMA Geschmolzenes Gestein im Inneren der Erde.

METAMORPH Bezeichnung für ein Gestein, dessen Struktur und Zusammensetzung sich durch Hitze oder Druck verändert haben.

MIKROKRISTALLIN Eine nur unter dem Mikroskop erkennbare Struktur eines Minerals.

MINERAL Natürliche anorganische Substanz mit kennzeichnenden Eigenschaften wie chemische Zusammensetzung und Kristallstruktur.

MOHS-SKALA Härteskala des österreichischen Mineralogen Friedrich Mohs. Sie ordnet Kristalle in eine Skala von 1 bis 10, je nachdem, welches Material man mit ihnen noch einritzen kann.

OPAK Nicht durchsichtig.

OPALISIEREND Mit einem milchig blauen Schimmer. *Siehe auch* Irisierend

ORGANISCH Stoffe pflanzlichen oder tierischen Ursprungs. *Siehe auch* Anorganisch

PEGMATIT Magmatisches Gestein mit sehr großen Kristallen. Sie entstehen, wenn wasserreiche Magma langsam abkühlt.

PENDELOQUE Tropfenförmiger Schliff, wird oft für Edelsteine mit kleinen Fehlern verwendet.

PERLMUTT Aus winzigen Kalziumkarbonatplättchen aufgebaute schillernde Substanz. Perlen und die innere Schicht mancher Muschelschalen bestehen daraus.

PHANTOM Kristall, in den kleinere Kristalle desselben oder eines anderen Minerals eingeschlossen sind, sichtbar z. B. als parallele Wachstumsschichten.

PIEZOELEKTRIZITÄT Eigenschaft von Quarzkristallen, unter Druck eine elektrische Spannung zu erzeugen.

PLEOCHROITISCH Mehrfarbigkeit eines Kristalls je nach Betrachtungswinkel.

PRISMATISCH Längliche, bleistiftartige Kristallform.

RAU Eigenschaft der Oberfläche eines Gesteins oder Kristalls, bevor es geschliffen und poliert wird.

RHOMBISCH Rautenförmig, wie ein auf die Spitze gestelltes Quadrat.

RIEFUNG Parallele Linien oder Rillen in Mineralien.

SCHAMOTTE Feuerfeste Steine.

SCHILLERND Glänzend oder irisierend.

SCHLEIFER Im Edelsteinschleifen ausgebildeter Handwerker.

SCHLIFF Künstliche Form eines Kristalls mit vielen kleinen Flächen (Facetten) oder gerundet.

SCHMUCKSTEIN Mineral oder organisches Material, dass zu dekorativen Zwecken verwendet wird, aber nicht die Qualität von Edelsteinen hat.

Koralle, organisches Material

SPALTFLÄCHE Je nach atomarer innerer Struktur brechen Kristalle entlang bestimmter Spaltflächen.

SPEKTROSKOP Instrument zur Bestimmung von Edelsteinen. Es zeigt an, welche Wellenlängen ein Edelstein absorbiert.

SPEZIFISCHES GEWICHT (DICHTE) Es gibt an, um wie viel ein Mineral schwerer ist als die volumengleiche Menge an Wasser.

STERNEFFEKT Auf manchen Edelsteinen in Cabochonform zeigt sich durch Lichtbrechung ein Stern.

Rubin im Treppenschliff

SYMMETRIEACHSE Gedachte Linie durch einen Kristall. Rotiert der Kristall um diese Achse, sieht man mehrmals pro Umdrehung dasselbe Oberflächenmuster.

TAFELSCHLIFF Quaderförmiger oder kubischer Schliff.

TREPPENSCHLIFF Schliffart mit rechteckiger oder quadratischer Grundfläche und treppenförmigen Facetten an den Seiten. Meist für farbige Steine verwendet.

ZWILLINGSBILDUNG Vorgang während des Kristallisierens, wenn zwei Kristalle desselben Minerals an der Basis zusammenwachsen.

Kristallschichten

Selenit

Perlmutt

Kalzitzwilling

Register

Dank und Bildnachweis

Dorling Kindersley dankt Peter Tandy vom Natural History Museum für die fachliche Beratung; Karl Shone für die zusätzlichen Fotos (S. 28–29, 62–63); der De Beers Industrial Diamond Division für die Leihgabe der Diamantwerkzeuge (S. 29); der Gemmological Association of Great Britain für das Zertifikat (S. 57); Keith Hammond für die Leihgabe des Berylls (S. 21); Nancy Armstrong für die Leihgabe der Opal-Brosche (S. 41); Jane Parker für das Register; Dr. Wendy Kirk für die Assistenz bei den Korrekturen; David Ball, Neville Graham, Rose Horridge, Joanne Little und Sue Nicholson für das Poster; BCP, Marianne Petrou und Owen Peyton Jones für die Kontrolle der digitalisierten Daten.

Illustrationen: Thomas Keenes

Der Verlag dankt folgenden Personen und Institutionen für die freundliche Genehmigung zum Abdruck von Fotos:

(Abkürzungen: o = oben, go = ganz oben, u = unten, m = Mitte, l = links, r = rechts, gr = ganz rechts, Hg = Hintergrund)

Alamy Images: vario images GmbH & Co KG 28ul; Peter Amacher: 48ml; Ancient Art and Architecture Collection: 9ml; Art Directors & TRIP: 69mr; Aspect Picture Library/ Geoff Tompkinson: 12ml; Dr Peter Bancroft: 45mr; Bergakademie Freiberg: 12ml, 19ur; Bibliotheca Ambrosiana, Milan: 13mr; Bibliotheque St. Die: 53ml; Bridgeman Art Library, London / New York: Egyptian National Museum, Cairo, Egypt 65gom, 18gol, 52gor,

58ul; Bibliotheque Nationale, Paris: 42gor; Paul Brierley: 16mr; F. Brisse, "La Symetrie Bidimensionnelle et le Canada", Smithsonian Institution, Washington DC: 37gor, 39go, 42ur, 69gor; Canadian Mineralogist, 19, 217–224 (1981): 13gom; British Geological Survey: 63ur; A. Bucher/ Fondation M.S.A.:30gol; Gordon Bussey: 62gol / Bibl. Magazin, Paris: 60ur; © Christie's Images Ltd: 27ur, 64gol, 65mu; Christie's, New York: 57ml; Bruce Coleman/Michael Freeman 52m; Lawrence H. Conklin: 45ul; Corbis: 64u, 69ur; Crown copyright: 46mr, 53gol, 58mr; De Beers: 29ul, 29gom, 34mr, 35ur; Dorling Kindersley/Eric Crichton: 47gom, DK Picture Library: Natural History Museum 66m; e.t. archive: 41ur; Mary Evans Picture Library: 7gor, 15gol, 23ur, 24ml, 38/39m, 38ul, 46gor, 57gor, 58m, 61gor, 61ul; Fondation M.S.A.: lltl; Michael Freeman: 25gom, 37m; Grukker & Zn, Netherlands: 28gor; Robert Harding Picture Library 44gor, 51gol; Harvaard Mineralogical Museum: 20ml; Harvey Caphin Alaemeda, New Mexico: 50gor; Ernst A. Heiniger: 39ur; Michael Holford: 7ml, 37ur, 44mr, 50ur; Image Bank/Lynn M. Stone: 33mr; /Lionel ASY-Schwart: 54ul; India Office: 36gor, 56gor; Kobal Collection: 35mr; Kodak Ltd: 63m; Kunsthistorisches Museum, Vienna. Photo: Courthault Institute of Art: 40gor; Lauros-Giraudon: 34ul; S.E. Little: Octopus card Ltd 28mlu; Mansell Collection: 15ul, 35ml, 45m, 54gor; Moebius/Exhibition Bijoux Cailloux Fous, Strasbourg: 10um; Museum national, d'Histoire Naturelle, Paris: 48mr; Museum of Manking: 52ul; National Gallery: 50ul; Natural History Museum: 15gor, 19gor, 19m, 33ur, 40um, 51ur, 68gol / Frank Greenaway FRFS: 11ul, 21um, /P.Krishna, SS Jiang and

A.R. Land: 21gom, /Harry Taylor ABIPP 31ur; National Portrait Gallery, London: 16m, 43gor; Northern Island Tourist Board: 22ul; Perham's of West Paris, Maine: 23gor; Phototake, NYC/Yoav Levy: 30mr; Katrina Raphaell: 31mr; Réunion Des Musées Nationaux Agence Photographique: Musée de Louvre 69um, 69ul; Ann Ronan Picture Library: 27gom, 27mr, 55gom; Royal Geographical Society: 36ul, 39gom, 56ul; S. Australian Dept of Mines and Energy/B.Sowry: 41gom; Science Photo Library: 9gor, 14ul, /Dr Jeremy Burgess: 6gor, 62m, 63gor, /ESA/PLI:8gol, / John Howard: 43mr, / Peter Menzel: 25m, /NASA: 26m, /David Parker: 9ur, / Soames Summerhays: 8ul; Brian Stevenson & Co: 25ul, 59gom; Stockphotos: 20ur; R. Symes: 20gor; Uffizi, Florence. Photo: Giraudon: 32ml; Victoria and Albert Museum: 51mr, 55ul; Werner Forman Archive: 61ml; Peter Woloszynski: 49mr; Zefa/ Leidmann:32gor, / Luneski: 60ml.

Poster: PunchStock: Photodisc m.

Cover: *Vorn:* Corbis: M. Angelo u; Francis G. Mayer gor. Dorling Kindersley: Natural History Museum, London m, ml. *Hinten:* Dorling Kindersley: Natural History Museum, London ml, mr, mro, mogr, mgr, mru, mul.

Alle anderen Abbildungen © Dorling Kindersley
Weitere Informationen unter www.dkimages.com

Weitere Themen in dieser Reihe:
(Bandnummer in Klammern)